Simon Critchley

Futbol Düşünürken Aslında Ne Düşünürüz?

1960 İngiltere doğumlu. 2004 yılından beri New York'taki New School for Social Research'te felsefe alanında ders vermekte ve kıta Avrupası felsefesi, felsefe tarihi, edebiyat, etik ve siyaset konularında çalışmaktadır. Cardiff (1988-89) ve Essex (1989-2003) Üniversitelerinde ders vermiş, Paris'teki Collège International de Philosophie'de bölüm başkanlığı yapmış (1998-2004), yarı zamanlı olarak Tilburg Üniversitesi'nde (2009-15) çalışmış, misafir öğretim üyesi olarak Sydney ve Notre Dame Üniversiteleri ile Cardozo Law School'da bulunmuştur. İngiliz Fenomenoloji Derneği'nin başkanlığını yürütmüştür (1994-99).

Uzun bir süre etik felsefesi, özellikle de Emmanuel Levinas'ın etiği konusundaki çalışmalarıyla ve Beckett, Wallace Stevens gibi edebiyatçıların eserleriyle felsefe arasındaki ilişkiyi inceleyen metinleriyle tanınan Critchley, son dönemlerde daha çok anarşizan bir sol siyaset geliştirme imkânları üstüne kafa yormaktadır.

Metis'teki diğer eserleri şunlardır: *Sonsuz Talep* (2007), *İmansızların İmanı* (2013), *Bellek Tiyatrosu* (2015).

10

Metis Yayınları
İpek Sokak 5, 34433 Beyoğlu, İstanbul
e-posta: info@metiskitap.com
www.metiskitap.com
Yayınevi Sertifika No: 10726

Futbol Düşünürken Aslında Ne Düşünürüz?
Simon Critchley

İngilizce Basımı:
What We Think About
When We Think About Football
Profile Books Ltd., 2017

İlk Basım: Mart 2018

Yayıma Hazırlayan: Özge Çelik

Kapak Tasarımı: Emine Bora, Semih Sökmen

Dizgi ve Baskı Öncesi Hazırlık: Metis Yayıncılık Ltd.
Baskı ve Cilt: Yaylacık Matbaacılık Ltd.
Fatih Sanayi Sitesi No. 12/197 Topkapı, İstanbul
Matbaa Sertifika No: 11931

ISBN-13: 978-605-316-122-6

Simon Critchley

Futbol

Düşünürken Aslında Ne Düşünürüz?

Çeviren:

Oğuz Tecimen

metis

İÇİNDEKİLER

"Uyanıklığı ve ulu saadetiyle, dilerseniz akıldışılığıyla şu gizemli duyusal yaşamın efsunundan müteessir olmayan oğlanlara ya da kızlara, erkeklere ya da kadınlara ne yazık! Hayatın en can alıcı hisseleridir bayram günleri, zira tam da büyülü biçimde sorumluluktan azade bir efsunla kaplıdır ya da en azından öyle olmalıdır."

WILLIAM JAMES
On a Certain Blindness in Human Beings
(İnsanlardaki Belli Bir Körlük Üstüne)

adidas
bwin

SOSYALİZM

FUTBOL DÜŞÜNÜRKEN aslında ne düşünürüz? Pek çok şeye dairdir futbol; karmaşık, çelişkili, çatışmalı pek çok şey: hafıza, tarih, mekân, toplumsal sınıf, bütün belalı halleriyle toplumsal cinsiyet (özellikle erillik, giderek de dişillik), aile kimliği, kabile kimliği, milli kimlik, grupların doğası (hem oyuncu gruplarının hem de taraftar gruplarının), ayrıca kendi grubumuz ile başka gruplar arasındaki çoğu zaman şiddet ama bazen de barışçıl ve halim selim hayranlık içeren ilişki.

Malum, futbol bir taktik oyunu. Oyuncuların formunu korumak, daha da önemlisi takım haline gelebilmek ve takım kalabilmek disiplin ve aralıksız idman gerektirir. Takım bir sistemdir, dinamik bir figürasyondur; durmadan yer değiştiren ama aynı zamanda şeklini korumaya, formda kalmaya çalışan hareketli düğümlerden mürekkep bir matristir. Takım başka bir forma, yani karşı takıma rakip olarak hareket edip yer değiştiren bir formdur. Takım şeklinin amacı – topa sahip olsun olmasın, ister defansif ister ofansif oynasın– sahayı işgal ve kontrol etmektir. Bir futbol takımının sahayı kontrol etmeye çalışması, gerek hücumla gerek geri çekilmeyle, gerek işgalle gerek kuşatmayla mekânın zapturapt altına alınmasına veya askerileştirilmesine benzer. Futbol takımı küçük bir ordu gibi organize olmalıdır: net bir komuta zinciri olan yekpare, birleşik, hareketli ve kalifiye bir kuvvet. Çoğu insanın evvelce söylediği gibi, futbol savaşın başka araçlarla devam ettirilmesidir, ama futbolun araçları da düpedüz savaşa meyillidir: Mesele kazanmaktır (bazen de kahramanca mağlubiyet).[1]

Çocukluk kahramanım, 1959-74 yıllarının efsanevi Liverpool menajeri Bill Shankly derdi ki, futbol temel şeylerden ibarettir: top kontrol-pas, hep kontrol-pas. Kontrol ve pas hareket ve hızla birleşir, bu noktada topu kontrol eden oyuncunun her pastan sonra iki-üç seçeneği vardır, nihayetinde topa hâkim olan golü atar. En çok gol atan kazanır. Bu kadar basit. Ne var ki merhum, büyük Johan Cruyff'un dediği gibi, "Futbol basit bir oyundur ama futbolu basit oynamak en zor şeydir."

Golf ve tenis gibi sporların, hatta beyzbol, kriket ve basketbolun aksine, futbol bireyci değildir. Futbolda oyuncuların giderek daha çok mali özerklik talep ve icra ettiği şöhret güdümlü bir yıldız oyuncu sistemi var, buna kuşku yok, ama futbol ne kadar yetenekli olursa olsunlar tek tek oyunculardan ibaret değil. Futbol takım oyunu, özünde işbirliği var. Sporcular arası hareketin esas olduğu futbolda oyuncular birlikte, birbiriyle ve birbiri için oynar, mekâna yayılıp takım denen hareketli bir ağ oluşturur. Bir takım Barcelona gibi sahiden yetenekli bireysel oyunculardan da oluşuyor olabilir; her oyuncunun takımın genel dizilişinde rolünü tam olarak bildiği, kendi kendini organize eden efektif bir

1. Küresel bir perspektiften futbol, siyaset ve savaş arasındaki ilişkiye dair kapsamlı değerlendirme için bkz. Simon Kuper, *Soccer Against the Enemy*, New York: Nation Books, 2006 [1994]. Ayrıca Franklin Foer, *How Soccer Explains the World*, New York: Harper Perennial, 2005; Türkçesi: *Futbol Dünyayı Nasıl Açıklar?*, çev. Harun İsmail Çırak, İstanbul: İthaki, 2012.

birim, kaynaşmış bir grup olarak işlev gösteren daha az yetenekli oyunculardan da. Premier Lig'de 2015-16 sezonundaki Leicester City gibi takımlar geliyor aklıma (futbolu taraftarlara iade etmişti cidden) ya da 2014 Dünya Kupası'ndaki Kosta Rika veya 2016 Avrupa Şampiyonası'ndaki İzlanda. Böyle takımlarda bütünün parçaların toplamından fazlası olduğu ortada.

Jean-Paul Sartre'ın örgütlenmenin doğası üstüne düşünürken futbola yönelmesi de tesadüf değil.[2] Bireysel oyuncunun özgür eylemi ya da etkinliği –Sartre buna "praksis" der– takıma tabi hale gelir, hem takımla bütünleşir hem de takımı aşar; böylelikle grubun kolektif eylemi, bireysel eylemi takımın örgütlü yapısına dahil ederek daha incelikli olmasını sağlar. Organize bir takımda vuku bulan, grubun ortaklaşa gerçekleştirdiği kolektif etkinliği ile varlığı ancak takımla mümkün olan oyuncuların destekleyici ve geliştirici bireysel eylemleri arasındaki dur durak bilmez bir diyalektiktir. Sartre'ın devamlı kafasını meşgul eden şey, bir örgütlenmenin –biçimi sürekli değişen dinamik bir futbol takımı gibi– bireysel eylem ile kolektif eylem arasındaki ilişkiyi nasıl şekillendirdiğidir. Her oyuncunun bireysel hareketlerini o oyuncunun işlevi belirler: kapı gibi kaleci, sağlam stoper, savaşçı orta saha oyuncusu olmak vs. Öte yandan bu bireysel işlevler, birlikte iyi oynayan bir takımın işbirliğine dayanan yaratıcı pratiğinde yücelip aşkınlık kazanır. Bir takım birlikte iyi oynamıyorsa kolektif eylem çöker, atomlarına ve bireysel parçalarına ayrılır, bütünlük dağılır, oyuncular birbirini suçlar ve taraftarlar da tek tek oyunculara yüklenir. Her anlamda kötü bir formdur bu.

2. Sartre, "The Organization", *Critique of Dialectical Reason*, Cilt 2, Londra ve New York: Verso, 1991, s. 445-504.

Futbolun özünde işbirliğine dayanan doğası oyuncular arasındaki sosyallik modellerine uzanır; herkesin birbiri için oynadığı bir takım ile –Lionel Messi Cristiano Ronaldo'ya karşı diyalektiğinde olduğu gibi– her oyuncunun kendisi için oynadığı takım arasındaki karşıtlık da bundan nasibini alır. Daha net bir ifadeyle, işlerliği olan bir birim, efektif olarak etkileşimsel bir sistem anlamında takımın *formel* sosyalliğinden söz ediyorum. Sahada takım olarak iyi oynayan bir takım, muhtemelen saha dışında da epey iyi anlaşıyordur. Ama illa böyle olmayabilir. 1998 Dünya Kupası'nı kazanan Fransa milli takımında kimi oyuncular saha dışında birbiriyle hiç konuşmuyordu, keza 1990'larda Premier Lig'de ezici bir üstünlük kuran Manchester United'ın tarzını baştan sona belirleyen büyük Eric Cantona pek de sosyal değildi. Ayrıca oyuncuların giderek daha geniş bir dil ve kültür yelpazesinden geldiğini düşününce (bu oyuncuların pek çoğunun ne kadar genç olduğu bir yana), birbirleriyle ne konuştuklarını ve cidden ortak bir yanları olup olmadığını merak ediyorum. Ne var ki mesele, birlikte oynadıklarında konuştukları ortak futbol dilinin formelliği.

Bu sosyallik modelleri taraftarların kolektif yaşamında hem yankı hem de enerji olarak karşılık bulur (beni asıl ilgilendiren de taraftarlar; bu konuya ileride döneceğiz). Bu sosyallik sözünü ettiğimiz sporun adına bile uzanır: Topluluk Futbolu (*Association Football*). ABD'de kısaca *soccer** olarak bilinir; aslında 1970'lere kadar İngiltere'de de yaygın olarak *soccer* denmiş, ancak sonraları bu tabir yanlış biçimde bir tür Amerikanizm gibi anlaşılmıştır. Futbol *socius*'un, Marx'ın *Kapital*'deki deyişiyle "insanların özgür topluluğu-

* İngilizce *association* sözcüğü ve *–er* ekinden *soccer* (assoc+er) terimi türemiştir. *–y.n.*

nun" hareketidir (fakat burada maalesef futboldan söz etmiyordu Marx).[3] Futbolun pek çoğumuz için böylesine önemli olmasının nedeni tam da merkezindeki topluluk deneyimi ve sağladığı canlı cemaat hissidir. Bir adım daha ileri giderek, hatta risk alarak diyebiliriz ki futbolun has siyasi biçimi *sosyalizm*'dir. Özgürlük başkalarından ayrı olarak deneyimlenmez, ancak kolektif eylemin bireysel eylemi hem bünyesine kattığı hem de yükselttiği topluluk dahilinde mümkündür. Bir kez daha Bill Shankly'den alıntılayacak olursak (keza Brezilyalı efsane Sócrates, 1974 Dünya Kupası'nı kazanan Batı Almanyalı Marksist Paul Breitner, Arjantin'in eski kaptanı Javier Zanetti de benzer duyguları ifade eder): "İnandığım sosyalizm aslında siyaset değil. Bir yaşam biçimi. İnsanlık. Yaşamanın ve gerçekten başarılı olmanın yolunun kolektif çabadan geçtiğine inanıyorum; herkesin birbiri için çalışmasından, birbirine yardım etmesinden ve günün sonunda payına düşen karşılığı almasından." 1980'lerde İngiltere'de maden işçilerinin grevleri sırasında protesto saflarına düzenli olarak katılan Brian Clough şunu söylemişti: "Benim için sosyalizm kalpten gelir. Neden toplumun bazı kesimlerinin şampanya ve büyük ev ayrıcalığı olması gerektiğini anlamıyorum." Barney Ronay'nin dediği gibi, "Premier Lig kulüplerinin çoğunun kökü yerel bir kiliseye ya da yerel bir pub'a dayanır ... Thatcher'ın 'Toplum diye bir şey yok' fikrine hayatın içinden yumruk gibi bir cevap."[4]

Elbette bu tür sosyalist duyarlılıklar komik, hatta düpedüz gülünç görünüyor, bilhassa da futbolu yöneten camianın Zürih'in burjuva konforuna yerleşmiş FIFA denen yoz-

3. Marx, *Capital I*; Türkçesi: *Kapital I*, çev. Mehmet Selik ve Nail Satlıgan, İstanbul: Yordam, 2011.

4. Barney Ronay, "Anyone want to play on the left?", 25 Nisan 2007 (www.theguardian.com).

laşmış ve mutlakiyetçi lağım çukuru olduğunu düşündüğümüzde. Bu tür duyarlılıkların gülünç görünmesinin nedeni bir yandan da futbolda giderek güçlenen o devasa para faktörü: Oyuncular açgözlü temsilcileri tarafından paralı asker gibi davranmaya teşvik ediliyor, hatta çoğu durumda mecbur bırakılıyor; kulüpler kodamanların ve muktedirlerin oyuncağı; taraftarların bağlılığı tamahkârlıkla paraya dönüştürülüyor, zaten sadakatleri de her daim cepte farz ediliyor. Futbolun en temel ve derin çelişkisi belki de şu: biçimi topluluk, sosyalizm, oyuncularla taraftarların kolektif eylemi ve sosyalliği; ama maddi temeli para, genelde şaibeli ve denetlenmeyen kaynaklardan gelen kirli para. Futbol tamamen metalaşmış, sponsorluklarla, en bayağı ve en aptal markalaşmalarla dolup taşmış durumda (Şampiyonlar Ligi'ndeki bitmek bilmez reklamları –ABD'de Heineken, Rusya'da Gazprom vb.– ve Dünya Kupası sponsorlarından sözgelimi McDonalds ve Budweiser'ın her yerdeliğini düşünün). Futbol içinden çıkmaya çalıştığımız kapitalizmin –artık hangi dönemininse (geç, çok geç kapitalizm veya kapitalizmin son günü, hatta son dakikası)– zaman zaman katlanılmaz hale gelen, dini imanı para olmuş bir gösterisi. Futbol iğrenç olabilir, yine de bundan ibaret olmadığında hâlâ ısrarcıyım. Futbolda başka şeyler de var. Bir kez daha Cruyff'u alıntılarsak: "Neden daha zengin bir kulübü yenemeyelim ki! Bir çanta dolusu paranın gol attığını ömrü hayatımda görmedim." Seyirciler ve bu oyunu sevenler olarak bizi bir araya getiren belki de Cruyff'un hissiyatının aynı anda hem hakikati hem de hakikatsizliğidir.

Bir yandan, futbolun yozlaşmış ve uluslaraşırı şirketleşmiş yapısının güçlü ve titiz bir eleştiriye tabi tutulmasına ihtiyaç var. Bu da futbolun üretim araçlarının mülkiyetinde sermaye akışlarının ve adaletsizliğin Marksist bir analizden

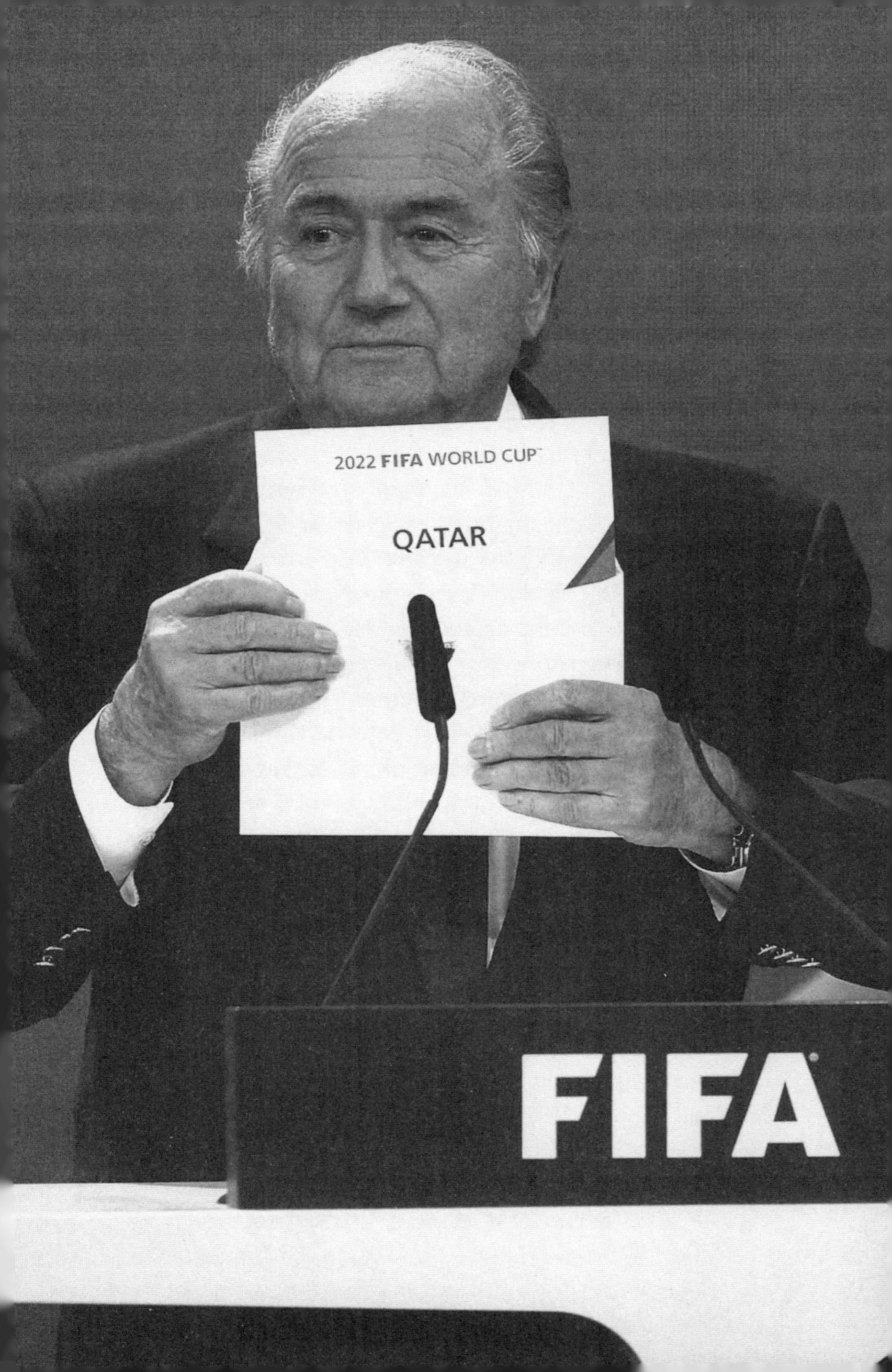
2022 FIFA WORLD CUP™
QATAR
FIFA

geçmesiyle mümkün olabilir, yahut sözgelimi Michel Foucault'yu takiben futbolda iktidar ilişkilerinin analiziyle. Böyle bir eleştiri futbol ile şiddet, savaş, sömürgecilik, ırkçılık, gerici ve atavist milliyetçilik biçimleri arasındaki içsel bağlantılardan çekinmemeli (böyle bir milliyetçiliğin maalesef yığınla örneği var, mesela Fransa'daki 2016 Avrupa Şampiyonası'nda İngiliz ve Rus taraftarlar arasındaki çirkin çatışmalar). Acilen böyle bir eleştiriye ihtiyaç var, bilhassa da önümüzdeki 2018 ve 2022 Dünya Kupası'nın Rusya ve Katar'da nasıl olacağını kara kara düşünürken (iki karar da açıkça FIFA'nın sistemli yolsuzluğunun sonucuydu).

Gelgelelim futbolun güçlü ve derinden etkileyici güzelliğini ortaya çıkarabilecek, biçime daha çok odaklanan bir poetikaya da ihtiyaç var. Arjantinli teknik direktör Marcelo Bielsa'nın (sözgelimi Tottenham Hotspur teknik direktörü Mauricio Pochettino için bir ilham kaynağıdır, kimileri için de tam bir deli-dâhidir) dediği gibi: "Futbolun özü güzelliğe hizmet eden bir jesttir."[5] Nitekim futbolda güzellik vardır: oyuncuların, çimlerin taşkın yeşilliğini kesen net ve geometrik beyaz çizgilerin güzelliği; sürekli değişen şekillerin, birbirine bağlanan ve iç içe geçen hareketlerin, sahadaki dinamik sistemler ve düğümlü dizilişlerin güzelliği; taraftarların salladığı bayrak ve pankartların güzelliği; söyledikleri şarkılarının sesi, kuvveti ve ritminin güzelliği. Bir de *zarafet* var, kendiliğinden ve bazen de gayri iradi gelişen hareket ve letafet. Hemen Zinedine Zidane geliyor aklıma, bilhassa da Philippe Parreno ve Douglas Gordon'ın 2006 tarihli harika filmindeki haliyle. Tabii Roberto Baggio, Paolo Maldini, Thierry Henry, Andrea Pirlo veya Andrés Iniesta

5. Prof. Juan Pablo Pochettino, "Marcelo Bielsa hablando de filosofía, estilos de juego y táctica (2010)", 20 Ocak 2010 (YouTube).

gibi futbolcuların sıradışı duruşlarını ve hareketlerini de unutmamak lazım. Aynı zamanda bir takımın bütün olarak hareket ederkenki yalın zarafeti de geliyor aklıma, sözgelimi 2014 Dünya Kupası'nda Almanya'nın Brezilya'yı 7-1'lik *Destruktion*'la paramparça etmesi. Bahsettiğim örnekte etkileyici olan Almanya'nın oynadığı oyunun yalınlığıydı: kontrol-pas, kontrol-pas, boş alana hareketlen, topu al, şut ve gol.

Topluluk Futbolu'na çoğu zaman güzel oyun da denir ama nedeni pek irdelenmez. Peki, neden güzeldir ve güzelliği nasıl bir şeydir? Bu küçük kitapta, filozofların fenomenoloji dediği yöntemi kullanarak bu sorulara birtakım cevaplar vermeye çalışacağım. Fenomenoloji felsefi bir gelenektir, yirminci yüzyılın başında Husserl'in yazdıklarıyla başlar, Heidegger, Sartre ve Merleau-Ponty'nin eserlerinde varoluşsal açıdan işlenip genişletilir. Çok basit: Fenomenoloji gündelik varoluşumuzda bize kendini gösteren şeylerin tasvir edilmesidir. Umumiyetle mutlu mesut düşünmez halde olduğumuz hayatlarımızda es geçtiğimiz şeyleri düşünce düzeyine taşıma girişimidir. Deneyimimizde örtük olanı açık seçik hale getirme girişimidir. Bu yüzdendir ki Merleau-Ponty fenomenolojiyi dünyayı görmeyi yeniden öğrenmek olarak tanımlar. Fenomenolojik yaklaşım bizi zamanın, mekânın, dramanın ve futbol deneyiminin muhtelif hallerini oluşturan –William James'in deyişiyle– "şu gizemli duyusal yaşam"ın tüm unsurlarının bir poetikasına götürecek. Umarım bu yaklaşım okurun birazcık farklı bir bakışla futbolun güzelliğini görmesine ön ayak olur.

Peki, futbol eleştirisine olan ihtiyaç ile futbol poetikası imkânı arasındaki çelişkiyi nasıl müzakere edeceğiz? Futbolun biçimindeki topluluk ve sosyalizm ile içeriğindeki azgın kapitalizm arasındaki çatışma çözülebilir mi? Bu aşamada korkaklık edip "Bu mesele bu kitap çerçevesinde yapabileceklerimi aşıyor" gibi bir şey diyebilirdim. Ama çok ucuz bir numara olurdu bu. Daha ziyade çelişkinin açık bırakılması gerektiğini düşünüyorum; uzlaşmaya meydan okuyan bir diyalektik gibi değil de, her maçın, her turnuvanın, her sezonun başında kaşımaya devam ettiğimiz açık bir yara olarak. Futbol bizi bir yandan cezbedip keyiflendiren, diğer yandan da deli edip iğrendiren bir oyun. Keyif ve iğrenme bu oyuna verilen aynı ölçüde haklı iki tepki, nitekim izlediğimiz her oyunda kâh keyifleniyor kâh iğreniyoruz, ne kadar keyifleniyorsak bir o kadar da iğreniyoruz. Bu kitapta esasen futbolun keyfi ve poetikası üstünde durmak, bu güzel oyunun bir fenomenolojisini yapmak istiyorum.

*

Bu kitapta bir "futbol felsefesi" yazmaya girişmek gibi bir niyetim yok; yani oyunu izleme deneyiminden yola çıkarak –bir sistem geliştirmek şöyle dursun– bir dizi aksiyom, kategori veya ilke ortaya koymaya falan çalışmıyorum açıkçası.[6] Bilakis, kendimi en yakın hissettiğim felsefi gelenek olan fenomenoloji bunun tam tersini yapmaya çalışıyor: verili haliyle deneyimin damarına, dokusuna, varoluşsal matrisine olabildiğince yaklaşarak, bu deneyimi yepyeni bir açıdan, başka bir veçheden görebilmemizi sağlayacak şekilde sözcüklerin çınlamasına imkân vermek. Evvelce popüler, süfli, hatta avam ve bayağı bir uğraş olarak görülen futbolun felsefenin nazarına pek de layık olmadığı düşünülürdü (hatırlıyorum da, 1988'de bitirdiğim doktora tezimi Liver-

6. Bu konuda zengin, çeşitli ve ilginç denemelerin olduğu bir derleme için bkz. *Soccer and Philosophy*, Ted Richards (haz.), Chicago ve La Salle: Open Court, 2010. Özellikle 30. ve 31. Bölümler.

ERPOOLFC.T
BERSHIP

pool'un efsane oyuncusu Kenny Dalglish'e ithaf etmekten alıkonmuştum). Ama işler değişti, aşağı yukarı son yirmi beş yıldır futbol ciddi yazın için meşru bir konu olarak kendini kabul ettirdi. Bu konuda kalem oynatmış şu isimler geliyor aklıma: Eduardo Galeano, David Goldblatt, Paul Simpson, Uli Hesse, Simon Kuper, Jonathan Wilson, Barney Ronay, Barry Glendenning ve daha niceleri. Yazdıklarını okuduğum bu isimlere büyük saygı duyuyorum, onlardan çok şey öğrendim. Şapka taksaydım, kesin topluca onlara doğru şapka çıkarırdım.

Bu kitabı yazarken şaşırtıcı ama hoş bir şekilde şunu keşfettim: Mekân, zaman, tutku, akıl, estetik, ahlak, siyaset gibi genel konularda felsefi açıdan doğru olduğuna inandığım şeyler en çok da futbolda, hatta ancak futbolda doğruydu. Bu da ya felsefe keyfe keder bir spora indirgenebilir demekti ya da futbol dünyada insan olmanın anlamına dair kalıcı içgörülere ulaşma ayrıcalığı sağlıyordu. Umarım okuru ikincisine ikna edebilirim.

Futbol benim için hayatım boyunca bir tutkuydu, hatta bu hayatı bir arada tutan ve başka insanların hayatına bağlayan az sayıdaki şeyden biriydi; bu insanların bazıları bana çok yakındı, örneğin babam ve oğlum, bazıları da çok uzaktı (futbola dair sıradışı şeylerden biri de sürekli yeni birileriyle tanışmanıza imkân sağlaması, ki bunlardan bazıları derinleşip kalıcı futbol dostluklarına dönüşebiliyor). Bu kitap sözünü ettiğim tutkuyu bildiğim tek yoldan, futbol deneyimiyle –en azından benim akıl gözümde– benzer tınıları paylaşan felsefi kavramlar ve metinler yoluyla anlamlandırmaya yönelik bir girişim.

İtiraf etmeliyim ki bu kitap tarafsız bir bakış açısından yazılmadı. Tek dinsel bağlılığım Liverpool Futbol Kulübü'ne (LFC). Ailemdeki herkes Liverpoollu, anne tarafımda

Evertonlı bir cenah olsa da LFC her zaman baskın gelmiştir. LFC'ye fanatik bir bağlılıkla büyüdüm, takımımın pek de iyi olmadığına inanıyordum, ama taraftarları çok özeldi ve eşsiz bir kültürü vardı. Mensubiyetimi gizlemem anlamsız bence, çünkü takıma, kimliğe, yere ve tarihe böyle bir sadakat futbol deneyiminin ve bu kitabın büyük bir meselesi. Şöyle bir kabahatim var yani: Anfield Stadı'nın gönlümdeki yeri ayrı. Başka takımların taraftarları için bunun ne kadar sinir bozucu olabileceğini biliyorum, çünkü LFC'liler her zaman kendilerini haklı görür; başlarına gelen bir şeyin ilk defa kendi başlarına geldiğini veya başkalarının yaşadıklarından daha iyi, daha yoğun, daha derin olduğunu düşünürler. Bunun büsbütün yanılsama olduğu, ampirik açıdan yanlış olduğu apaçık ortada. Kişinin takımına bağlılığı dogmatizme düştüğünde ya da sözlü, hatta fiziksel şiddete vardığında bu durumu sadece işlerin zıvanadan çıkmasıyla açıklayamayız. Burada futbolun bütün meselesi ıskalanmış demektir. Kanımca, ileride göstermeye çalışacağım üzere, futbolun mayasında hem kişinin takımına tutkuyla bağlı olmasını mümkün kılan hem de başkalarının kendi takımlarını canıgönülden desteklemesini hoş görmeyi, anlamayı, hatta teşvik etmeyi sağlayan bir rasyonellik var. Bu aşamada, rakip takımların taraftarları bir araya geldi mi hemen tartışma başlar, çoğunlukla cidden ilginç bir tartışma olur, tarafların havada uçuşan gerekçe ve kanıtlarıyla hiç bitmeyecek bir tartışma. Futbol bir tartışmadır ve bu küçük kitabın meselesi de bu tartışmayı bağlamak değil, tasvir ve teşvik etmek.

DUYUSAL EKSTAZ

BİR FUTBOL POETİKASI fikriyle başlamak istiyorum. Bu düşünce hattını Belçikalı yazar ve sanatçı Jean-Philippe Toussaint'dan alıyorum. Toussaint 2006'da *Zidane's Melancholy* (Zidane'ın Melankolisi) adında lirik bir kitapçık yayımladı, daha sonra 2015'te Dünya Kupası üstüne yazılarından oluşan küçük bir derlemesi çıktı.[7] İddialı bir düşüncesi vardı: Zidane'ın 9 Temmuz 2006'da Dünya Kupası finalinde futbol sahnesinden çıkışı hakemin kırmızı kartıyla değil, melankolinin siyah kartıyla olmuştu. Ne var ki Toussaint'ın futbola genel yaklaşımı beni tatmin etmiyor, ayrıntı bakımından güdük ve bir bakıma demode. Simon Kuper, Toussaint'ın *Football* (Futbol) kitabının İngilizce çevirisini topa tutmuştu: Futbol üstüne yayımlanmış en kötü kitaplardan biriydi bu, Ashley Cole'un *My Defence*'iyle (Benim Defansım) aynı ayardaydı.[8] Futbol üstüne ne kadar çok berbat kitap yazıldığını göz önünde bulundurursak, özellikle de oyun-

7. Jean-Philippe Toussaint, *Football*, Londra: Fitzcarraldo, 2016.

8. Simon Kuper, "*Football* promises to be a book no-one will like – and delivers", 7 Mayıs 2016 (www.newstatesman.com); Ashley Cole, *My Defence*, Londra: Headline, 2006.

L.F.C.
10
L.F.C.

ΕΙΝΑΙ ΠΙΣΤΟΣ
23

cuların başkalarına yazdırdıkları otobiyografileri, kayda değer bir başarı sayılır bu. Kuper şu noktaya dikkat çekiyor (ki ben de katılıyorum buna): Toussaint futbolu entelektüel olarak ciddiye almak gerektiğini savunuyor; ama futbol yazını dünyasının kendini daha iyi ifade edip tafsilatlı hale gelerek yükselişe geçmesi, ta Nick Hornby'nin *Futbol Ateşi* (1992) kitabından beridir, entelektüel açıdan zaten ciddiye alındığını gösteriyor. Toussaint belli ki bu gelişmelerden bihaber. *FourFourTwo*, *When Saturday Comes*, ayrıca nispeten yakın tarihli ve gerçekten harika olan *The Blizzard* geliyor aklıma; bu dergiler futbolun doğasına dair harika kavramsal ve tarihsel düşüncelerle dolu, üstelik oyunun ve kültürünün derin sosyolojisine dair devasa bir arşiv sunuyor.[9] Yine de Toussaint futbol üstüne düşünme konusunda temel bir problemle, zamanın doğası problemiyle yüzleşiyor ve bunu formüle etmeyi –bence– bir ölçüde başarıyor. Şimdi bunu açıklamaya çalışayım.

Futbol zaman deneyiminde özel bir boyut açar. En çok da maçı canlı izlediğimizde olur bu: Her şeyin askıya alındığı bir şimdide, maçın şimdisinde asılı kalırız; oyuncuların ve topun hareketini izleriz, topsuz alanda neler olup bittiğini, hakemi, taraftarları seyrederiz. Bu şimdinin her ânında gelecek açık ve belirsizdir. Her şey olabilir; bazen hatta çoğu zaman hiçbir şey olmadığında bile. İzleriz ve kendimizi maça kaptırırız, büyüleniriz, dikkat kesiliriz, ileride tekrar değineceğim bir sözcükle, *tefekküre dalarız*, yani çok özel bir tarzda düşünerek dikkat kesiliriz. O ânın içinde izleriz ve sıradışı bir şeyin olacağı o anlar üstü ânı bekleriz: Oyun bir taç atışıyla aniden hızlanır, oyuncular arasında hızlı bir verkaç olur, bir savunma oyuncusu kayar, hücum oyuncusu

9. *The Blizzard* (www.blizzard.co.uk).

hızla sağ kanada kaçar, boş bir alan açılır, şut ve gol! Stadyumun bir yerinde bir meşale patlar. Kendinden geçen coşkulu taraftarların başları üstünde kırmızı bir duman yayılır. İnsanlar –terbiyeli, yetişkin, zeki, düşünceli insanlar, ki bazıları kariyer sahibi ve orta yaşlı, hatta daha yaşlı kişilerdir– öpüşür, beşlik çakar, sevinçle birbirine sarılır.

Bu anlar üstü anda bir bakıma yükselir, şahlanırız. Nefesimizi tutmaya çalışırız. "Geliyor, geliyor," diye fısıldarız kendi kendimize. Burada söz konusu olan, William James' in deyişiyle "hayatın bayram günleri"nden biridir. Böyle anlarda bir tür büyülenme deneyimiyle yükselip gündelik olandan çıkarız; ekstatik, uçucu ve müşterek bir şeye, inceden inceye başkalaşıp yücelen bir sensoryuma, duyu merkezine gireriz. *Duyusal ekstaz* dediğim şey bu işte.

Kimileri –özellikle pek çok Amerikalı– futbolu sıkıcı buluyor. Ama doğru değil bu. Sıkıcı olduğunu düşündükleri için kendileri sıkıcı. Aslında futbol diğer sporlardan daha meditatif, daha tefekküre yatkındır. Futbol, oyunun akışına tabi olma deneyimine dairdir. İtalyan futbolu (*calcio*) yazınının büyük isimlerinden Gianni Brera ideal maçın 0-0 olduğunu düşünür; rakip takımlar bir bakıma satranç oynar, birbirini iptal eder, böylelikle mükemmel bir dengeye ve estetik uyuma ulaşılır. Nitekim özellikle medyanın gol atmaya dair saplantısını, bir golün ağır çekimde ve farklı açılardan nasıl tekrar tekrar gösterildiğini düşünecek olursak, defansif futbol sanatını savunmak gerekir. Belki de zamanında kendim savunmada oynadığım için böyle söylüyorum, ama bir takımın rakibini tamamen sıfırlamasını izlemekte hep tuhaf bir güzellik bulmuşumdur. Böyle bir futbol anlayışına "negatif/olumsuz" demek olumsuzlamanın diyalektik hazlarını ıskalamaktır; İtalyanların "kapı sürgüsü"nün (katenaçyo), bir takımın rakibini kilitlediği taktiğin inceliklerini gözden kaçırmaktır. Juventus'un çağdaş futbol dünyasındaki en iyi savunma hattını oluşturan tecrübeli üçlüsü "BBC" nin (Barzagli, Bonucci, Chiellini) kuvvetini ve alan zekâsını düşünün. İtalyanların defansif futbol geleneği iyi bilinir. Şöyle bir geri dönüp baktığımda, futbolda tam bir hegemonya kurduğu dönemde bütün kariyerini Milan'da geçiren Baresi ve Maldini gibi oyuncular geliyor aklıma. Nitekim iyi bir takımın güzelliği, gelişip olgunlaşması yıllar alabilen "oyuncular arası derin bir anlaşma"ya dayanan sağlam ve istikrarlı bir savunma üstüne kurulu olmasından gelir.

Peter Handke'nin zihinlere kazınan *Kalecinin Penaltı Anındaki Endişesi* kitabındaki sıkıntılı ve sıkıntı çıkaran eski kaleci ana karakteri Joseph Bloch'un dediği gibi: "İyi bir oyun çıt çıkmadan oynanır."[10] Futbolun ritmi beyzbolun hatta skeet atıcılığının *staccato*'su değil daha çok *legato*'dur, zamanın usul usul, ince ince akışıdır. Futbol ayrıca zaman deneyimindeki kaymalara dairdir. Deneyimin yoğunluğundaki kaymalardır bunlar; zamanın şekillendirilebilir, plastik ve elastik olduğunun anlaşıldığı o anlar üstü anlarda vuku bulurlar.

Mekân için de geçerlidir bu. Futbol mekânın yorumlanmasına dairdir. "Sahte 9"un en usta temsilcilerinden sayılan Alman hücum oyuncusu Thomas Müller'in başlıca taktik rolü rakip ceza alanında pusuya yatmaktır. Müller *der Raumdeuter*, "alan yorumcusu", hatta "alan araştırmacısı" olarak bilinir. Başka bir deyişle, futbolda oyun alanı aynı zamanda alan oyunudur. Steven Connor'ın nefis kitabı *A Philosophy of Sport*'taki (Spor Felsefesi) tezlerinden biridir bu. Connor'ın kendi deyişiyle "kültürel fenomenolo-

10. Peter Handke, *Kalecinin Penaltı Anındaki Endişesi*, çev. Tevfik Turan, İstanbul: Ayrıntı, 1995, s. 91.

13
RESPECT
DFB

ji"yi kullanma tarzı, benim bu kitaptaki girişimimin ruhuna çok yakın; aradaki tek fark bunu sadece futbol için değil tüm sporlar için yapması.[11] Connor, Merleau-Ponty'nin *The Structure of Behaviour*'da (Davranışın Yapısı) geçen futbol sahasındaki izlere dair sözlerinden yola çıkarak, oyun alanının asla bir nesneden ibaret olmadığını gösteriyor. Oyun alanı bir alan oyununa imkân sağlar, ki Merleau-Ponty'ye göre bu alan oyunu "oyuncuların bedensel niyetlerini içerir, bu niyetler de içinde fiiliyata geçecekleri alan tarafından katedilir ve yönlendirilir".[12] Futbol sahasındaki izler "oyuncu farkında değilmişçesine eylemi başlatan ve yönlendiren" belirli bir eylem tarzını gerekli kılar. Sahayı işaretleyen çizgiler oyuncuların eylemlerini şekillendiren bir ortam sağlayan efektif kuvvet çizgileridir. Oyuncuların bilincinin bu ortamda, raftaki biblo ya da dolaptaki süt gibi, ikamet ettiğini söylemek doğru olmaz. Bilinç daha ziyade bu oyunun, ortam ile eylem arasındaki diyalektiğin *ta kendisidir*. Zaman gibi, oyunun mekânsallığı da şekillendirilebilir, eğilip bükülebilir ve esnetilebilir.

Futbol bazen Beckett'ın *Godot'yu Beklerken*'ine benzer; "hiçbir şey olduğu yok[tur], üstelik iki defa", iki yarıda da. Liverpool'u ya da daha kötüsü İngiltere'yi büyük bir turnuvada ecel terleri dökerken izliyorsam, maç maç olmaktan çıkar; doksan dakikalık kaygı dolu bir rüya, uyanmaya çalışıp da uyanamadığımız, ilanihaye tekrarlanan korkunç bir kâbus haline gelir. Ama futbol başka bir şey, hiçbir şeye benzemeyen bir şey de olabiliyor. Toussaint, Belçikalılara has bir üstü kapalılıkla, bu yoğun deneyime en yakın analo-

11. Steven Connor, *A Philosophy of Sport*, Londra: Reaktion, 2011.
12. Maurice Merleau-Ponty, *The Structure of Behaviour*, Pittsburgh: Duquesne University Press, 1965.

jinin belki de cinsel edim olduğunu belirtiyor. Hani filozoflar der ya, bu ampirik bir mesele olduğundan karar okura kalmış.

Neyse, ânın içindeyiz, oyunu izliyoruz, kendimizi şimdiki zamana kaptırmışız, o anlar üstü ânın gelmesini bekliyoruz, gelecek belirsiz ve açık uçlu. Ama tam o anda, geçmiş siliniyor, durmadan kendini siliyor, Japon balığının hafızası gibi. Bir maçın geçmişi çok çabuk unutulur, bazen kolay kolay hatırlanmaz. Bu yüzdendir ki maçı banttan izlemek çok farklıdır. Maç özetlerini izlemek çok zevkli de olabilir elbette – taraftarlar için (takımınız perişan halde değilse), antrenörler için (önemli bir iştir), yorumcular için (o kadar da önemli bir iş sayılmaz). Toussaint'ın yaklaşımını fenomenolog Husserl'in yaptığı bir ayrıma dayanarak değerlendirecek olursak, futbol hafızasını sözcüklerle yeniden faal hale getirerek, tortulaşıp hızla unutulan bir geçmişe gömülmekten kurtarabiliriz. Eldeki malzemeye yakın olmak koşuluyla, şiirin ya da edebiyatın sözcükleri futbol deneyimine ucundan kıyısından temas edebilir; "hareketlerini yakalayabilir, renklerini okşayabilir, cazibelerini sıvazlayabilir, büyüleyici yönlerini pohpohlayabilir". Toussaint böyle bir futbol poetikasını "apotropaik", yani topyekûn nisyanın ve uğursuzluğun şerrine karşı bir tür büyü ya da muska olarak adlandırıyor.

Futbolun böylesine batıl inançlarla dolu bir spor olması, oyuncularla taraftarların nevi şahsına münhasır bir sürü alışkanlığa bağlı olması da yine bu büyü veya muska ihtiyacıyla açıklanabilir belki. Mesela benim de bir batıl inancım var: Brooklyn'den Liverpool maçını dikkatle ve kaygıyla izlemezsem kaybedeceklerine inanıyorum; sanki bir şekilde bana orada ihtiyaçları var. Milan'da oynayan İsveçli oyuncu Niels Liedholm'un Mario Maggi diye bir büyücüsü vardı.

BARTHEZ
16

Rumen forvet Adrian Mutu çoraplarına fesleğen koyardı. Cristiano Ronaldo maç günü kramponlarını babasının büstünün altına koyuyor. 1998 Dünya Kupası sırasında Fransa takımının kaptanı Laurent Blanc, kaleci Fabien Barthez'in kel kafasını öperdi. Daha az bilinen bir örnek: Fransa takımı her maçtan önce Gloria Gaynor'ın "I Will Survive" şarkısını dinlerdi; Lilian Thuram, Marcel Desailly ve Zizou gibi dev figürleriyle korkmaya, korkudan donakalmaya dair şarkılar söyleyen Galyalıların soyunma odasındaki tuhaf manzarayı varın siz düşünün.[13]

Toussaint'a göre, futbol deneyimi, sözcüklerin gücü sayesinde, neredeyse büyülü bir şekilde şiirsel bir biçime aktarılabilir; bu da mevsim deneyimi, çevre, melankoli, zaman ve çocukluk anılarıyla yakından ilişkilidir. Toussaint'ın en uç fikrine göre, futbol deneyiminin ânını şekillendirip muhafaza edebilen sözcükler bizi ölümden kurtararak geçmişle bir devamlılık hissi verir, gelecekteki taraftarların sözleri ve hayatları aracılığıyla ölüm sonrası bir yaşam imkânı sunar.

Her ne kadar soyut görünse de, bu düşünce hattı gayet şahsi bir düzeyde pek çoğumuza anlamlı geliyor. Örneğin benim babam ömür boyu Liverpool taraftarıydı; 1950'lerin başında Anfield'da idmana çıkıyordu, ta ki ayak bileğindeki bir sakatlık futbol kariyerini sonlandırana kadar (bu yüzden hayatının geri kalanında Chelsea tarzı bilekli ayakkabılar giydi, gerçi bunlarla da pek şık görünüyordu). Doğrusu, babamla akıl fikir çerçevesinde ve ortak bir tutkuyla konuşabildiğimiz tek şey futboldu. Keza Oğlum Edward'a uygula-

13. Maç öncesi ritüeller ve daha birçok şey için bkz. Paul Simpson ve Uli Hesse'nin mükemmel, son derece ayrıntılı ve çok eğlenceli kitabı *Who Invented the Stepover?* (Londra: Profile, 2013).

dığım ilk ataerkil şiddet edimi odasını Liverpool eşyalarıyla doldurmaktı, böylelikle başka bir takımı tutmasını engelleyecektim (işe yaradı da). Edward geçenlerde hatırlattı, on yaşındayken Noel'de Arsenal forması istemiş, o aralar İngiltere'deki en iyi takımdı çünkü. Cevap bile vermemişim çocuğa, üstüne üstlük bir Liverpool forması daha almışım. Edward'ın bana göre gelişmelerden daha haberdar, daha sadık, hatta daha kırgın bir Liverpool taraftarı olmasından neredeyse sapkın bir zevk alıyorum. Bizim kuşaktan taraftarlar Liverpool'u 1970 ve 80'lerdeki anlı şanlı zamanlarında izleme şansına nail olmuştu; o zamanlar, Shankly'nin dediği gibi, ancak Mars'tan gelen bir takım yenebilirdi bizi. Sanırım yıllardır oğlumla sohbetlerimizin yüzde kırkı, mesajlaşmalarımızın da yüzde sekseni futbol hakkında. Yaptığım şeyin doğru olduğunu söylemiyorum, bundan gurur duyuyor da değilim, sadece mesele futbol olunca çoğumuzun neler yaptığını açıklamaya çalışıyorum. Ve tabii, bunu pek dillendirmesem de, oğlumun çocukları olursa onların da Liverpool taraftarı olmasını çok isterim. Neyse, bu kadar yaşam sonrası hayali yeter.

Belki de yetmez. Uluorta hiç bahsetmediğim bir şeyi itiraf edeyim son olarak. Yaklaşık yedi yıl önce, yeğenim Daniel ve oğlumla Goodison Park'ta Liverpool ile Everton arasındaki Merseyside derbisini izlemeye gittik. Maçtan önce çocuklar için yiyecek içecek, kendime de biftek aromalı Bovril almak için sıraya girdim. Dört-beş metre önümde, paralel bir kuyrukta, zannımca babamın hayaletini gördüm. Oydu bence. O olduğundan emindim. Gözümü dikip uzun uzun baktım, ama ikimizin yüzü de aynı yöne dönüktü, bakışıma karşılık vermedi. Yüzü, burnu, esmerliği, çopur cildi, gıdısı, saçları, yürüyüşü. Tıpatıp aynısıydı.

Hiçbir şey demedim, çocuklara yiyecek içeceklerini verdim, maçı izledim. 2-0 kazandık, Steven Gerrard gol attı. Mutluyduk. Yeğenimin yaşadığı Birmingham'a dönüş yolunda, oğlum arka koltukta uyurken, utana sıkıla Daniel'a hikâyemi anlattım. Babamı çocukluğundan gayet iyi hatırlıyordu. Daniel da görmüştü onu.

FUTBOLU ÖZNESİZLEŞTİRMEK

FUTBOLA KENDİSİNİ ve bizi nisyandan kurtarmak için bir poetika lazım. Bir fenomenoloji lazım, ama öyle bir fenomenoloji ki, bazı anlarda, şu anlar üstü anlarda, kendimizi kaderin cilvesine bırakmakta özgür olalım – bizim için mümkün olan tek gerçek özgürlük deneyimi kadere özgürce teslim olmaktır belki de. Dolayısıyla bir futbol poetikasına yönelik bazı girişimlerde bulunacağım.

Oyunun hareketi ve bir maçın doğası üstüne düşünerek başlamak istiyorum. Bu minvalde Hans-Georg Gadamer'in mühim ve etkili eseri *Hakikat ve Yöntem*'e[14] (1960) yaslanacağım büyük oranda. Gadamer'in bu kitaptaki genel amacı, sanatlarda ve beşeri bilimlerde doğa bilimlerinin yöntemleriyle açıklanamayan ya da bu yöntemlere indirgenemeyen iddia, düşünce ve yargıları betimlemenin yolunu açmaktır. Gadamer'e göre bu iddialar insanların dünyayla ilişkilenme tarzlarına dair bütünlüklü bir ontolojiyi olanaklı kılacak bir yorumlama teorisi gerektirir. Buna da "hermeneutik" der;

14. Hans-Georg Gadamer, *Truth and Method*, Londra: Sheed and Ward, 1975; Türkçesi: *Hakikat ve Yöntem*, çev. İsmail Yavuzcan ve Hüsamettin Arslan, İstanbul: Paradigma, 2 cilt, 2008 ve 2009. Özellikle bkz. "Play as a Clue to Ontological Explanation", s. 106-35.

nitekim bu görüşün ardındaki düşünceye göre, gündelik estetik deneyimimizde tatbik ettiğimiz yorumlama türleri dünyada-olma halimizin derin ve kalıcı yapılarını açığa çıkarır.

Gelgelim *Hakikat ve Yöntem*'de beni özellikle ilgilendiren, Gadamer'in argümanına oyuna dair bir izahla başlaması. Argümanın nüvesi basitçe şöyledir: Oyun oynanır; söz konusu olan, öznenin oyunu oynaması değildir. Merleau-Ponty'nin daha önce bahsettiğimiz sözünden hareketle söylersek, oyun objektif bir oyun alanında ikamet eden bireysel bilinç meselesi değildir. Oyunu anlamak için özne ve nesne, bilinç ve "cansız" şeyler dilini geride bırakmamız gerek. Oyuncuların kendilerini oyunda kaybetmeleri, maçı kafalarında oynamamaları gerek. Oyuncular maçın oyun olduğunu, üstelik maçın oyun olsun diye oynandığını bilir. Yine de maç "oyuncu bir ciddiyet"le oynanmalıdır. Futbolu "öznesizleştirmek" gerek derken bunu kastediyorum. Futbolda olan biteni anlamak için hem oyuncular hem de taraftarların kendi kafalarından çıkmaları gerekir.

Oyun alanının sınırları belirlenmiş boyutlarından (1. Kural) korner vuruşunda izlenmesi zorunlu prosedüre kadar (17. Kural) oyunu yöneten on yedi kuralın önemi de burada yatar. Oyun alanının sınırları net biçimde çizilmelidir: ceza sahası için 16,5 metre, penaltı noktası için 11 metre; ceza sahasının dışına çizilen, merkezi penaltı noktası olan, 9,15 metre yarıçapında bir çember yayı. Oyunların kurallarına – ofsayt kuralının incelikli, hermetik muammalarına bile– saygı göstermek gerekir. Bir süreliğine biraz Anglo-merkezci olursam, belli ki bu yüzden hile yapılmasından, birilerinin rol kesmesinden ya da numara çekmesinden hazzetmiyoruz. Bir oyuncunun, havada süzülen bir dirsek omzunu hafifçe sıyıracak bile olsa, teatral biçimde kendini yerlere

atıp elleriyle yüzünü kapamasından nefret ediyoruz (örneğin Mayıs 2016'daki Şampiyonlar Ligi Finali'nde Real Madrid'in Portekizli oyuncusu Pepe'nin acınası davranışı ya da 2002 Dünya Kupası'nda Türkiye karşısında Brezilyalı Rivaldo'nun topun hafifçe dokunmasıyla afili biçimde yere düşüşü).

Gerçi hile yapmak yanlış ya da kınanması gereken bir şeyden ibaret değildir, bir sanattır, İtalya ve Uruguay milli takımlarının yücelikle icra ettiği bir sanattır. Luis Suarez'in 2010 Dünya Kupası'nda Gana maçında topu elle çizgiden çıkardığı an geliyor aklıma, bunun üstüne oyundan atılmıştı ama dolaylı olarak takımının penaltılarda kazanmasını sağlamıştı. Keza 8 Mart 2017'de oynanan o müthiş Şampiyonlar Ligi maçında Suarez, 90. dakikada kendini dramatik biçimde yere atıp takımına nihai sonucu belirleyecek bir penaltı kazandırmış, böylece Barcelona 4-0'ın rövanşında Paris Saint Germain'i 6-1 yenmişti. Ya da Giorgio Chiellini gibi gaddarlığı incelikli bir savunmacının, karşı takımdaki bir hücum oyuncusunun ayağına basarak neredeyse sakatlayacak biçimde faul yaptığı ama hakem tarafından fark edilmediği sayısız ânı düşünün. Yahut Maradona'nın 1986 Dünya Kupası'nda İngiltere'ye attığı "Tanrı'nın eli" golünü veya Thierry Henry'nin 2009 Dünya Kupası elemelerinde İrlanda maçındaki "kurbağanın eli"ni, kasıtlı elle oynamasını düşünebiliriz. Kuralların nasıl eğilip büküldüğünü, nasıl kopma noktasına kadar sündürüldüğünü izlemenin de ayrı bir keyfi var. Hile yapmak yasanın hem mevcudiyetini hem de ihlalini gerektiren ince ve taktiksel bir sanattır. Pek çoğumuzun faulleri ağır çekimde izlemeyi sevmesinin nedeni budur belki de. Böylesine kontrollü bir şiddette bir güzellik var.

Oyun oyundur, oyun olduğunu biliriz, ama ciddiye de alınması gerekir. Hile yapmak bile ciddidir. Gadamer oyunda rahatlık, gevşeme denebilecek şeyin altını çizer. İyi oynamak için oyuncunun gevşemesi gerekir, en zor iş de budur, antrenörlerin oyuncularına bunu telkin etmesi gerekir. Antrenörlerin oyuncularına söylediği şu yavan mantranın ardında yatan hakikat budur: Sahaya çıkın ve keyfinize bakın. En iyi futbol gevşemenin getirdiği ciddi bir keyifle oynanır; bu duygu oyuncuların kafasının içinde değil, takım iyi oynadığında takımdan şavkıyan bir ışıma ya da metalik yansıma gibidir.

Oyun, oyunun bilincinde olmaktan önce gelir. Başka bir deyişle oyun öznel yönelimle, beyindeki hallerle ya da biyolojik işlevlerle açıklanmaz, keza uçsuz bucaksız istatistikler ve verilerle de açıklanamaz. Bütün bunlar futbol denen oyunu mümkün kılan zorunlu nedensel koşullar olabilir (bilinçli ve uyanık olmak, sakatlanmamak, olabildiğince çok pas yapmaya çalışmak). Öte yandan bunlar fenomenin canlılığını betimlemeye yetmez, ki benim burada meselem de bu. Hayır, oyunun amacı oyunun kendisidir. Oyun bir tür psikolojik iç gerçekliğin ifadesi değildir. Bu yüzden, ilk adım olarak, futbolu oyuncuların kafasında veya vücudunda olup bitenlerle meşgul olduğumuzda duyduğumuz bitmek bilmez büyülenmeden ayırmamız, spor muhabirlerinin sormaktan bıkmadığı şu aptalca sorudan yakamızı kurtarmamız gerekir: "O golü attığınızda aklınızdan neler geçiyordu?" Oyuncu iyi oynuyorsa "aklından" pek de bir şey geçmez, mesele tam da bundan ibarettir: oyunun bilincinde olmak değil, oyunun kendisi. Futbolu beyne olan saplantımızdan, bilinçten ve sözümona aklımızdan geçenlerden ayırmaya başlayabilirsek, futbol fenomeninin kendine has özelliğini takdir etmeye başlayabiliriz. Oyunda ne tür bir "akıl" varsa artık, kafada olmadığı, dışarıda bir yerlerde, oyuncuların ve taraftarların yanı başında olduğu kesin. Futbol şeylerin, oyun şeylerinin yüzeyinde ışıyan bir tür kovan aklı, ortak akıl ya da kafamızın içinde olup bitenlerin ötesinde dış dünyaya uzanan bir akıl gerektirir belki de. İşte bu yüzden futbolu öznesizleştirmemiz gerek.

TOP OLMAK NASIL BİR ŞEY?

FUTBOL BİR HAREKET, şekil ve biçim oyunudur; ne natüralist anlamda objektiftir –yani ampirik bilimin prosedürleriyle açıklanıp çözülemez– ne de salt özneldir. Dolayısıyla futbolu öznesizleştirmemiz gerekiyorsa, aynı ölçüde nesnesizleştirmemiz de gerekiyor. Bu nahoş sözcüklerle aslında şunu kastediyorum: Futbol "arada" vuku bulur. Futbol öznellik ile nesnellik âlemleri arasında oynanır, ki modernite bu âlemleri katılaştırma arayışına çok zaman harcamıştır, bilhassa da Kant'ın zahmetli, takdire şayan ama nihayetinde soruya açık eleştiri projesinde. Fransız filozof ve eski bahriyeli Michel Serres'in jargonuyla söylersek, futbol "nesnemsiler" ile "öznemsiler" arasında Orta Krallık'ta vuku bulur ve oynanır, yani objektif nedensel güçlerle açıklanmayan bir oyunda öznel yönelimleriyle tanımlanmayan oyuncular tarafından oynanır.[15] Oyun fenomenini anlamak için kafamızdan, psikoloji saplantımızdan, bilinç ve iç hallerden dışarı çıkmamız gerekir, ama bununla kalmayıp oyun alanını dolduran şeylere belli bir canlılık bahşetmemiz de ge-

15. Michel Serres, *The Parasite*, Minneapolis: University of Minnesota Press, 2007. Ayrıca bkz. Bruno Latour, *We Have Never Been Modern*, Cambridge Mass.: Harvard University Press, 1993; Türkçesi: *Biz Hiç Modern Olmadık*, çev. İnci Uysal, İstanbul: Norgunk, 2008.

rekir. Zira bu şeyler cansız, ruhsuz nesnelerden ibaret değildir.

Futbolu Orta Krallık'ta, nesnemsiler ile öznemsiler arasında konumlandırmak, gerçeklik ve gerçekdışılığın o tuhaf karışımına yaklaşmanın bir yolunu açar. Bir futbol maçı deneyimini tanımlayan bu karışım yakinen aşina olduğumuz bir şeydir, her ne kadar bu aşinalık nadiren açık seçik hale gelse de. Başka bir deyişle, futbol tamı tamına psikanalitik anlamda fantezi âleminde vuku bulur. Fantezi ne hayal ürünüdür, ne öznel yanılsamadır, ne de objektif olarak gerçektir. Gündelik hayat diye düşündüğümüz şeyi yapılandırır ve doygunlaştırır; bu hayat da futbol fenomeninde tuhaf biçimde yoğun bir ifade bulur. Sözgelimi büyük bir stada girdiğiniz ânı düşünün, örneğin Arsenal'in Kuzey Londra'daki Emirates Stadı'na ya da Paris'in hemen dışında Saint-Denis'deki Stade de France'a. İçeri girince önce yönünüzü bulmaya çalışırsınız; ardından yiyecek içeceklerin fahiş fiyatlardan satıldığı stantların sıra sıra dizildiği geniş, penceresiz, beton koridorlardan geçersiniz; merdivenleri çıkıp nihayet gün ışığına, daha da iyisi spot ışıklarına ulaşınca da oturacağınız yeri arayıp bulursunuz. İşte o zaman sahayı ve ışıl ışıl parlayan o koca stadı görürsünüz. Gerçektir, ama fazla gerçek, hiper-gerçek, neredeyse haddinden fazla gerçek. Büsbütün içine gömüldüğünüz 360 derecelik bir sensoryumda, duyu merkezinde film izlemek gibidir. Hem gerçektir hem de gerçekdışı. Kafamızın içinde değil dışarıda, oradaki Orta Krallık'ta hissederiz. Duyular imparatorluğudur bu, duyuların ekstaz halinde olduğu aradaki âlem. William James'in "gizemli duyusal yaşam" dediği şeyin büyüsüne kapılmışızdır.

Bu da demek oluyor ki futbol için dolaysızlık, yani saf öznelliğin ya da nesnelliğin âlemine doğrudan erişim diye bir şey yoktur. Futbolun her veçhesi dolayıma girer ve dolayım, olması gerektiği varsayılan bir dolaysızlıktan kopmak değildir, tam da fenomenin kendini sunma yoludur. Başka bir deyişle, futbol baştan sona dolayımdır. Belki de futbol bu anlamda hem tamamen gerçek hem de tamamen kurgusal olan sinemayla benzer özellikler taşıyor. Hem gerçek hem gerçekdışı. İkisi bir arada.

Bu bağlamda sanal futbol oyunlarının artan etkisini düşünebiliriz, hem geleneksel olarak futbolun anayurdu diye bilinen yerlerde hem de Kuzey Amerika ve Asya gibi futbolun popülerliğinin arttığı yerlerde. Belki de video oyunları giderek futbola benzedikçe futbol da giderek video oyunlarına benziyor. Bu noktada gerçek ile simülasyon arasındaki sınırı belirlemek daha da zorlaşıyor. Birçok izleyici ve taraftar için futbol deneyimi tamamen FIFA, PES ve Football Manager gibi oyunların dolayımından geçiyor. Üstelik bu video oyunlarını oyuncuların da izlediği aşikâr: Çocuklar maçlarda kullanabilecekleri şeyler öğrenmek ve beceriler geliştirmek istedikleri için bu oyunları takip ederken, Messi, Pirlo ve Zlatan Ibrahimović gibi itibarlı oyuncular da başkalarının ve kendilerinin simülasyonlarını saatlerce izlediklerini itiraf ediyorlar. 2014 Dünya Kupası sırasında Paul Pogba Football Manager oyununda Chelsea'yi çalıştırırken görülmüştü. Kendini kendi takımına transfer etmişti.[16]

Futbol maçı izlemek her şeyin canlı olduğu, her şeyin bir tür ruha sahip olduğu animist bir evrene girmek gibi: oyuncular, formalar, saha, atkılar, sallanan bayraklar ve pankartlar, tekrarları izleyebildiğiniz dev ekranlar. Bu ruh da kafanızdaki ya da kalbinizdeki bir şey değil. İzlediğimiz

16. Rory Smith, "How Video Games Are Changing the Way Soccer is Played", *New York Times*, 13 Ekim 2016 (www.nytimes.com).

yüzeylerde *ruhlanmış* bir şey. Her şey canlı gibi. Top bile canlı sanki. Kendine can veriyor, bir aklı ve farkındalığı var adeta. Öznel içerimlerle dolu bir nesnemsi, canlı ile cansız arasında salınıyor.

Burada durup D. Graham Burnett'in yazdığı bir metinden hareketle biraz tuhaf bir şey söyleyeyim.[17] Burnett, Don DeLillo'dan alıntı yaparak (muhtemelen Amerikan futbolu vardı aklında) şöyle yazıyor: "Futbol topu bunun bir futbol maçı olduğunu biliyordu. Maçın merkezi olduğunu biliyordu. Kendisinin bir futbol topu olduğunun farkındaydı." Şimdi, bunun objektif açıdan yanlış olduğu bariz. Top sentetik plastik yamalardan oluşan, içi hava dolu, çevresi 68-70 cm olan, 410-450 gr gelen (2. Kural) bir küre yalnızca. Ne var ki oyunu oynarken ya da izlerken topun canlı olduğunu hissederiz. Nitekim büyük oyuncuların oyun sırasında yekvücut olduğu, kendine ait bir yaşamı vardır sanki topun. Zidane'ın Parreno ve Gordon'ın filminde yaptığı yorumda olağanüstü bir an var: Topu aldığında ne olacağını tamı tamına bildiğini hatırladığı bir an olduğunu söylüyor. Top ayağına bile değmeden önce, Zidane da top da gol olacağını biliyor. Zidane bunu yalnızca bir defa yaşadığını ekliyor, ama ben öyle olduğuna inanmıyorum. Top ve oyuncu ortak yaşamlarına dayanan ortak bir akla sahiptir adeta. Gelgelelim top, büyük oyuncuları bile tam bir aptal durumuna düşürebilir – kalecinin elinden akıl almaz biçimde kaçıp gider, kontrol etmeye çalışan ayağın altından kayıverir ya da kaleye beş metre mesafede bir forvet tarafından ağlara gömülmek yerine üst direğin metrelerce yukarısından uçup gider. Meselenin şaşırtıcı, hatta komik bir tarafı da, Adidas'ın her turnuva için parlak ve yeni bir teknik yenilik sunmasıyla, her

17. D. Graham Burnett, "On the Ball", *Cabinet*, Sayı 56, s. 64-72

adidas
FINALE
OFFICIAL
MATCHBALL
CHAMPIONS
LEAGUE

Dünya Kupası'nda topun hassas bileşiminin değişmesi. Bu yüzden oyuncular topu kontrol etmekte zorlanıyor, yorumcular da bu tartışmalara saatler harcıyor.

1974'te Thomas Nagel son elli yılda bilinç problemi üstüne en çok tartışılan makalelerden birini yazdı: "Yarasa Olmak Nasıl Bir Şey?"[18] Peki ya "Top Olmak Nasıl Bir Şey?" Müsaadenizle spekülasyonu biraz daha ileri götürme riskine gireyim. Top kukla gibidir, vantriloğu olan bir kukla. Şimdi, biliyoruz ki kukla ampirik ve objektif olarak çaputlardan yapılmış, kıç tarafından el sokulan bir tahta parçasından ibarettir. Canlı değildir. Öte yandan konuştuğunda kukla canlı gibidir, tıpkı oynadığımızda topun canlı olması gibi. Bununla beraber kuklanın acayip bir tarafı da vardır: Vantrilok tarafından canlandırılmadığında, kullanılmayıp tavan arasında bir köşeye atıldığında bile hâlâ canlanma potansiyeli vardır sanki, ürkütücü bir potansiyeldir bu; kuklaların ölüm ile yaşam arasında salınan, bu âlemlerin ikisinde de konumlandırılamayan, tekinsiz bir korkuya neden olmaları bu yüzdendir. Futbol topları için de benzer bir şey söyleyebiliriz. Zeminde vuruş yapılmadan öylece durduklarında ya da dolaba tıkılıp unutulduklarında bile hâlâ hareket ve hayat potansiyelleri vardır ve yaptıkları çağrıya direnç göstermek zordur: "Hadi, dışarı çıkar beni, oyna benimle!" Yani futbol yoluyla bir bakıma biz de vantrilok oluyoruz. Topa kendi hayatımızla can veriyor, böylece kendi canımıza da can katıyoruz, yoğun bir canlılık hissiyle kendimizi capcanlı hissediyoruz. Fakat bu canlılığı top da paylaşıyor. Belki de nesnemsiliğin en mükemmel timsali top.

18. Thomas Nagel, "What Is It Like to Be a Bat?", *The Philosophical Review* 83 (4): 435-50.

KÖKENSİZ TEKRAR

ŞİMDİ OYUNA ve Gadamer'e dönelim. Oyun tekrarlanabilir ve tekrarlanabilir olması gerekir. Her futbol maçı önceki maçın tekrarıdır ve sonrakinin tekrarını öngörür. Futbol uzun bir taklit edimler ya da mimetik olaylar zinciridir; futbol sezonunun bittiğini kabullenmek de bu yüzden zordur. Aylarca –ya da en azından haftalarca– futbol olmayacak! Bu tekrarın seyirciler tarafından tanınması icap eder. Bir maçın vuku buluşunu tanırız (bir barın önünden geçerken "Bak, maç var" deriz); maç, bir ritüel gibi, belli kurallara ve prosedürlere tabi olarak bir tekrar yolu izleyecektir. Maç yalnızca tekrar yoluyla var olduğu ölçüde, maçın her kertesi, her maç aslı kadar hakikidir. Hatta aslından daha hakikidir. Zira maçın yaşamının devam ettiğinin, tekrarlandığının kanıtıdır bu. Maç sürer. Oyun oynanmaya devam eder. Başka bir deyişle, kökensel hiçbir futbol maçı yoktur; on dördüncü yüzyılda ıslak İngiliz çiminde oynanan ya da Mayalar gibi Mezo-Amerikalıların veya daha eski tarihlerde Çinlilerin oynadığı kuralsız kitapsız bir kök-maç yoktur. Futbolun kökeninin kayıp olması tesadüf değildir (eminim Pireneler'de bir mağarada bizon derisinden toplara vuran, hayvan kemiklerini kale direği olarak kullanan insanları göste-

ren mağara resimleri bulunacaktır bir gün). On dokuzuncu yüzyılda İngiltere'de Topluluk Futbolu'nun kökenleri sorusunun, sosyolojik anlamda ilginç ve önemli olsa da, futbolun devam eden varoluşu için önemsiz olması da bu yüzdendir. Futbol, kökenine göbek bağıyla bağlı değildir.

Formel bir dille söylersek, futbolun özü tekrardan, bu maçtan, önceki maçtan ve sonraki maçtan mürekkeptir. Bu maçların hiçbiri öbüründen daha kökensel değildir. Her maç futbolun tekrardan mürekkep özünün ifadesidir. Seyirciler tarafından böyle tanınan bu tekrar eden edimlerden hareketle, bir seri ya da seriler serisi inşa edebiliriz; bunlar da bir tarihi ya da tarihler serisini, sözgelimi bir takımın bir turnuva veya sezon boyunca performansını oluşturmaya başlayabilir yahut farklı sezonlardaki performansının karşılaştırılmasına imkân sağlayabilir. Belli bir seriye ayrıcalık tanıyıp onu efsaneleştirebiliriz; sözgelimi Nottingham Forest İngiltere'de 1977-78 yıllarında iki sezona yayılan 42 maç boyunca yenilmezlik unvanını korumuş, ancak 2003-2004'te bütün sezon yenilmezliğini koruyan, "Yenilmezler" unvanını alan ve 49 maç boyunca yenilmezliğini sürdüren Arsenal tarafından gölgede bırakılmıştır. Aynı durum özellikle kötü geçen bir sezon ya da bir mağlubiyet serisi için de geçerlidir, örneğin Derby County 2007-2008 sezonunda 32 maç boyunca kazanamamıştır. Dizilerin özü tekrardır. Futbol kendini her maçta yeniden üreten daimi bir mimesis ya da taklit edimidir. Her zaman bir sonraki sezon ya da bir sonraki turnuva olacaktır. Köken diye bir şey yoktur, yalnızca yinelenen tekrar edimleri vardır. Futbol baştan sona dolayımdan ibaret değildir, varlığı ancak yeniden üretimden, sonsuz yaratıcı mimesis edimlerinden mürekkeptir.

ÖZDEŞLİK VE ÖZDEŞSİZLİK TİYATROSU

FUTBOL DRAMADIR. Bu hep söylenir. Kanımca şu önemli şerhi de düşmek lazım: Futbol tiyatrodan daha hakiki bir dramadır. Tiyatro son yüzyılda Brecht, Artaud, Grotowski, Peter Brook, Richard Schechner ve diğerlerinin kahramanca çabalarına rağmen ne yazık ki kemikleşip ölmeye yüz tuttu, liberal duyarlılık için bir tür teselli derekesine düştü, buna karşılık drama futbolun içinde ve futbol olarak yaşamaya devam ediyor. 1947'de New York'ta kurulan ve bugün de devam eden "Yaşayan Tiyatro" grubunun ateşli iddiaları tiyatronun ölmekte olduğunun, operayla aynı yazgıyı paylaştığının paradoksal kanıtı. Futbol, drama festivallerindeki seyircilerin muhtemelen on beş bin ila on sekiz bini bulduğu Atina veya Epidauros'taki antik tiyatro deneyimine en yakın analoji olmanın yanı sıra, aynı temel özelliği taşıyor: *kader*. Tek spor futbol değil, bunun doğru olmadığı bariz; öte yandan futbol alışıldık anlamda bir spor da değil. Sanat eleştirmeni ve Liverpool taraftarı Hal Foster'ın bana bir defasında dediği üzere, futbol *kader*'in zaman zaman meçhul işleyişlerini çözüme bağladığı sahnedir, özellikle de ulusal kaderi; sözgelimi yine uluslararası bir turnuvada kör topal ilerleyip nihayetinde kolektif bir intihar eyleminde bulunan İngiltere'yi izlediğimizde görüyoruz bunu (en son 2016 Avrupa Şampiyonası'nda İzlanda karşısındaki 2-1'lik hezimet mesela). Futbol bir özdeşlik / kimlik –aile, kabile, şehir, ulus– tiyatrosudur. Fakat özdeşliğin sürekli eğilip bükülen, karmaşıklaşan, çöken ve iki büklüm olan biçimlerinin sahnelenmesidir. Futbol özdeşliğin farka açıldığı, oyuncular ve taraftarların kendi dramalarını kaderin güçleri gözetiminde sahnelediği tiyatrodur. İşte bir oyunu izlerken kendimizi özgürce kollarına bıraktığımız mukadder drama budur.

Özdeşliğin farka açılmasına dair birkaç örnek vereyim. İlk olarak, Michael O'Hara ve Connell Vaughn sayesinde haberdar olduğum tuhaf bir İrlanda vakası var.[19] Irish Football Association (IFA) 1880'de kurulduğunda bütün İrlanda' yı temsil ediyordu ama esaslı futbol takımlarının çoğu Belfast bölgesindeydi. Britanya'nın sömürge yönetiminde oldukları dönemdi bu. 1921'de, İrlanda'nın Britanya'dan ayrılıp Özgür İrlanda Devleti'ni kurmasından sonra, Dublin'de Football Association of Ireland (FAI) kuruldu. Mesele de tam olarak bu: Hem IFA hem de FAI aynı topraklarda hak iddia ediyor. İsim olarak da, anayasal olarak da "İrlanda Cumhuriyeti" diye bir devlet yok. "Cumhuriyet" altındaki yirmi altı vilayetle beraber "Kuzey"in altı vilayetinden oluşan İrlanda adası var yalnızca. Aklıselim Britanyalı solcuların yaptığı gibi "İrlanda"ya "*Eire*" demek de meseleyi ıskalamaktır ve bu tabir pek çok İrlandalı için aşağılayıcıdır. Ayrıca Kuzey İrlanda egemen bir devlet değil, Büyük Britanya'nın egemenliğinde, en azından şimdilik, çünkü Brexit

19. Michael O'Hara ve Connell Vaughn 1 Temmuz 2016'da Basel Üniversitesi'nde mükemmel bir sunum yapmıştı: "Caveman Stuff: Ireland's Soccer Struggle with Identity, Style and Success".

ayrılmalarına izin veriyor. Durum karmaşık deyip geçelim, ama mesele şu ki "Cumhuriyet" ile "Kuzey" maç yaptığında, İrlanda kendisiyle oynamış oluyor. Özdeşliğin farka açılmasına dair harika bir örnek. İlk kez 20 Eylül 1978'de oldu böyle bir şey ve maç, kasıtsız bir dramatik ironiyle, golsüz berabere bitti. Özellikle büyük Jack Charlton'ın menajerlik yaptığı dönemde, "Cumhuriyet"in oyuncularının birçoğunun İngiltere doğumlu olması ironiyi bir kat daha artırıyor. Genelde "İngiltere B Takımı" ya da "*plastic paddies*"* olarak anılıyorlardı.

Sırbistan örneğini ele alalım bir de. 2006 Dünya Kupası sırasında Belgrad ziyaretimi hatırlıyorum. 16 Haziran'da öğleden sonra yapacağım konuşma, Sırbistan-Karadağ ile Arjantin arasındaki maçla çakışıyordu. Konuşmanın sabaha alınmasını rica ettim ki maçı ev sahiplerim ve katılmak isteyen diğer arkadaşlarla beraber izleyebileyim. Mesele halloldu, konuşmayı sabah yaptım; sonra dev ekran bir televizyonun olduğu, dışarıda oturulan sade bir restoranda toplandık. Önceki ay, 21 Mayıs'ta Karadağ'da bağımsızlık için referandum yapılmıştı ve seçmenlerin yüzde elli beşi evet oyu vermişti. Karadağ'ın bağımsızlığı 3 Haziran'da ilan edildi. Dolayısıyla maçın oynandığı tarihte Dünya Kupası'nda oynayan ülke artık yoktu. Daha da fenası, takımlar sahaya çıktığında Karadağ için çalınan Sırbistan-Karadağ milli marşı, 1991'de savaşla birlikte parçalanan bir zamanların Yugoslavyasının milli marşı "Hey, Slavlar"dı (*Hej, Sloveni*). Artık var olmayan bir ülke, artık var olmayan daha eski bir ülkenin milli marşını söylemek zorunda kalmıştı. Ev sahiplerim

* *İng.* "plastik İrlandalılar"; İrlanda diyasporasında İrlanda'ya dair basmakalıp âdetleri ve kimliği üstlenen kişiler için kullanılan pejoratif ifade. –*ç.n.*

özdeşlik ve fark ironilerine benim için özellikle işaret etti. Arjantin Sırbistan-Karadağ'ı 6-0'la ezip geçti. Utanç verici bir mağlubiyetti. Ev sahiplerim üzülecek diye düşündüm. Ama hiç de öyle olmadı. Ulusal varoluşlarının feci, bölünmüş emniyetsizliği herkesin gözü önünde ayyuka çıktığı için basbayağı memnunlardı: Var olmayan bir ülkenin takımından inançla oynaması nasıl beklenebilir ki, diye üstelemişlerdi.

MÜZİK ÇINLAMALI

FUTBOL milli kimlik / özdeşlik ve kimliksizlik / özdeşsizlik dramasının bir şiddet ve savaş tarihi arka planında kadere bağlı olarak sahnelendiği yerdir. Bir dramanın esas mahiyeti metinde, senaryoda ya da sahne yönetiminde bulunmaz, keza drama yazarının öznel niyetlerinde de aranamaz (zira çoğu zaman yanıltıcı, hatta yanılsama ürünü olabilir). Dramanın hakikati performans içinde ve performans olarak ortaya çıkar. Gadamer'in *Hakikat ve Yöntem*'de yazdığı gibi: "Bir drama ancak oynandığında gerçekten var olur, nihayetinde müzik de çınlamalı."[20]

Futbol için de geçerli bu. iPad'lere çizilen ya da Louis van Gaal'in sevdiği, büyük siyah deri klasörlerde harmanlanıp sürekli müracaat edilen karmaşık taktikler maçın başlama düdüğü çaldığında çabucak anlamsız hale gelir. Antrenörlerle ve oyuncularla yapılan basın toplantıları ve röportajlar zamanın güzelce boşa harcandığı oyalanmalardır. Maçın özü maç sırasında, oyun oynandığında mevcudiyete gelir. Tabii müzik de çınlamalı. Tragedyada koronun söylediği

20. Hans-Georg Gadamer, *Truth and Method*, s. 120.

FCB
SPORTS

Dor odlarının tekrarlı, ince ritimleriyle değil, adeta hipnoz etkisi yapan ve sahadaki aksiyonun hem yankısı hem enerjisi olan taraftar şarkılarının devamlı, bütünleşik koral eşliğiyle. (Stadyumun korkunç hoparlör müziği taraftarların çınlayan müziğini berbat eder, özellikle de Queen'in "We Are the Champions"ı gibi boş beleş şarkılar [Tanrı yardımcımız olsun!]. İsterseniz bana Talibancı bir gerici deyin, ama bence stadyum müziği yasaklanmalı.)

Friedrich Nietzsche ilk kitabı *Tragedyanın Doğuşu*'nda (1872) antik dramayı oluşturan iki kuvvet, tanrılar biçiminde ifade bulan çifte itici güç arasında meşhur bir ayrım yapar: Apolloncu ve Dionysosçu. Apolloncu olan heykel sanatıdır, trajik kahraman figüründe ifade bulan bireyin bedensel biçiminin mükemmelliği. Dionysosçu olan müzik sanatıdır, orkestra eşliğinde cümbüşle bir araya gelmedir; cümbüş yoğun bir sarhoşluk hissi ya da *Rausch* yaratır, bunun hoş bir tercümesi İngilizcedeki "*rush*" (telaş) sözcüğüdür. Müziğin duygusal etkisi birliktelik telaşıdır, sarhoşluğudur, büyük bir kalabalığın isteyerek parçası olduğumuzda olur, örneğin 1980'lerin Manchester'ında Haçienda'da bir gece ya da 1990'larda Essex'te çılgın bir parti. Apollon ile Dionysos arasındaki bu ayrıma Nietzsche güzellik ve yücelik kavramlarını aşılar. Birey olan, acı çeken trajik kahraman bize güzellik imgesini verir, ama yüce olan müziktir, çünkü görsel imgeye damıtılamaz ve imge olmadan ses yoluyla duyguları ele geçirir. Antik tragedya bu iki kuvvetin, güzellik ve yüceliğin birliği olsa da, Nietzsche'nin açıkça ortaya koyduğu üzere, müzik tragedyanın rahmidir, tezahür ettiği ağdır.

Futbol bağlamında da son derece anlamlıdır bu; kolektif şarkı ve kalabalığın mest eden sesi oyuncuların güzel aksiyonuna eşlik etmekle kalmaz, oyunun ortaya çıktığı yüce matrisin kendisidir de, aksiyona enerji veren kuvvet alanıdır; yarışmacı şarkı ve rakip şarkı, *strophe* ve *anti-strophe* biçimini alır. Boş statlarda oynanan, sözgelimi taraftarların –hâlâ bunaltıcı oranda sık rastlanan– ırkçı davranışlarının cezalandırıldığı maçların insana ikrah vermesinin nedeni budur. Taraftarsız bir maç kategorik bir hatadır, anlamsız bir antrenmandan ibarettir. Futbolun olmazsa olmazı yüce müzik ile güzel imge, Dionysos ile Apollon, taraftarlar ile takım arasındaki karmaşık, konfigüre etkileşimdir. Bu etkileşim ne kadar güçlü olursa, etkisi de o kadar nefes kesici olur; örneğin 2015-16 sezonunda Leicester City taraftarlarının kendi evlerinde basit karton şakşaklar ve tezahüratlarla yarattığı olağanüstü ses ya da 2016 Avrupa Şampiyonası'nda İzlandalı taraftarların Viking gürlemesi. Tribünlerin sesi bazen komik de olabilir, mesela Manchester United taraftarları Manchesterlı grup Joy Division'ın en bilinen şarkısı "Love will tear us apart"ın "aşk bizi gene paramparça edecek" sözlerini uyarlayıp "[Ryan] Giggs sizi gene paramparça edecek" tezahüratına çevirmişti.

Oğlum ve birkaç arkadaşıyla 10 Temmuz 2016'da Stade de France'taki Euro 2016 finaline gitmiştik. Maç son derece bunaltıcıydı, ama akılda kalan tarafı, solumuzda kale arkasında kalan, kocaman davullara vuran esmer, üstü çıplak genç adamların başı çektiği on beş bin Portekizli taraftarın hep bir ağızdan eşgüdümlü şarkılar söylemesiydi. Omuz omuza, rengârenk, tek vücut bir kuvvet oluşturmuşlardı; sayıca onları katbekat aşan, dandik "*Allez les Bleus*" (Bastır Maviler) tezahüratı yapan Fransız taraftarlardan bariz farklılardı. Aslında başka bir güçlü hatıra da, başlama vuruşundan önce, güvelerin bütün sahayı işgal edip tribünlere, taraftarların etrafına üşüşmesiydi – bundan ben de nasibimi aldım tabii. Hatta Cristiano Ronaldo üçüncü kez yere düşüp

dizinden sakatlandığında güvenin biri onun yüzüne konma cüretini göstermişti. Belli ki Stade de France yetkilileri, Kasım 2015'te Paris'te Stade de France'ta başlayan saldırıların ardından güvenlik kaygıları nedeniyle maçtan önceki gece stat ışıklarını açık bırakmaya karar vermişti. Güvelerin oyunu ile futbolcularınki arasında tuhaf ve rekabetçi bir dans vardı sanki, insan ile böcek arasındaki sınır boyunca birbirlerinin temsili biçimlenimlerini tebrik ediyorlardı.

Festival fenomeniyle bağlantılı bir başka kavram da tekrardır; Gadamer'in çok sevdiği bir şeydir, aklında bilhassa Şehir Dionysia'sı denen antik tiyatro festivali vardır: Bu festival her mart ayında yedi gün boyunca Atina'da yapılırdı, dramalar (tragedya, komedya, satir oyunu) sahnelenir ve alayişli törenlerle müzik çalınırdı. Antik Atina'da festivale giden birisine ne yaptığını sorsanız, "Tiyatroya gidiyorum" değil "*Mousike*'ye gidiyorum" derdi, ki müzik artı söz anlamına gelir bu. Festivalin özünde tekrar etmesi vardır. Festival zamanı işaretler, zaman tutar. Zamana müziksel bir biçim verir, yılın ritmini ve mevsimlerin hareketini tanımlar (baharda Şehir Dionysia'sı, kışın Lenaia). Aynı şey futbol sezonunun yıllık ritmi için de geçerlidir: Haftaları, ayları, mevsimleri işaretler ve birleştirir; Avrupa Şampiyonaları ve Dünya Kupaları dört yıllık bir döngüde gerçekleşir (büyük şampiyonaların olmadığı yıllar, her futbolseverin bildiği üzere, benim durumumda olduğu gibi ülke yerine kulübü tercih etseler bile, anlamdan büsbütün yoksundur). "Bir zamanlar kökensel bir festival vardı da, biz de şimdi belli periyotlarla yıldönümünü veya doğum gününü kutluyoruz" gibi bir durum söz konusu değil. Daha ziyade, festivalin özünde sonsuz dönüş halinde yineleme ve tekerrür vardır. Festival doğası itibarıyla düzenli olarak belli bir zamanda kutlanır. Dünya Kupası kışın değil yazın olmalı; 2022 Dünya Kupası'nın Katar'da düzenlenecek olması saçmalığıyla beraber böyle bir şey söz konusu. Şahsen, Katar'ın haydut devlet ilan edilip Dünya Kupası organizasyonunun elinden alındığını görmek isterim.

TEORİ VE PRATİK

ŞİMDİ SEYİRCİYE daha yakından bakalım. Söz konusu olan oyunun oynanmasıysa ve oyuncuların oyunda kendilerini kaybetmesi gerekiyorsa, o halde maç seyircilerin huzurunda ve seyirciler için oynanır. Peki seyircilerden ne haber? Gadamer'e göre, seyircinin doğasını belirleyen "orada mevcut bulunması"dır. Yani seyirci tiyatroda, *theatron*'da orada mevcut bulunmak zorundadır. Gadamer antik tiyatroda seyirci için kullanılan Yunanca sözcüğe, *theoros*'a böyle bir anlam yükler. Antik tiyatroda seyirciler genelde Atina'daki Dionysos Tiyatrosu'nda olduğu gibi doğal, kayalık bir yamaca kurulmuş büyük bir oditoryumda ahşap sıralara otururdu. *Theoros* mevcut bulunarak ve kendini performansa veya oyuna bırakarak dramaya katılırdı. Bu katılım hem oyuna iştirak hem de oyunla iştigal etmeyi içeriyordu; sahnedeki eylemden sıkılmamak, bıkmamak veya olayın büyüsüne kapılıp başka âlemlere dalmamak icap ediyordu. İzlediğimiz şeyde kendimizi unutmamızı gerektiren bir katılımdı bu. Kendimizi izlemiyoruz, oyunu izliyoruz ve zaman zaman kendimizin oyunu izlediğinin farkına varıyoruz.

FOOT BA
WITHOU
IS NOTH

FANS

Seyirci, Gadamer'in "mutlak mesafe" dediği bir yerden izliyor oyunu; bu mesafede duran seyirci oyunda yer almıyor veya sahayı işgal ederek, maçı sekteye uğratıp durdurarak oyuna müdahale etmiyor. Bu mesafe seyirciyi oyuna doğrudan katılmaktan tenzih ediyor. Oyunu görmek ve maçı izlemek için gerekli olan estetik bir mesafe ya da daha doğrusu teorik bir mesafe bu. Dolayısıyla seyirciler sunulan praksise ya da Aristoteles'in formülüyle taklit edilen eyleme (*mimesis prakseos*) teorik bir mesafe alarak iştirak ediyor oyuna. Seyirciler sürekli dikkat edimleriyle oyunun pratiğine katılan "teorisyenler", nazariyecilerdir. Demek ki teori ile pratik arasındaki ilişki drama içinde ve drama olarak, seyirci ile oyuncu arasındaki mesafe olarak, tekmil yakınlığa veya özdeşliğe asla çökmemesi gereken bir mesafe olarak icra ediliyor. Futbolu özdeşliğin farka açıldığı, farkın teori ile pratik arasında olduğu bir tiyatro olarak düşünmenin bir başka yoludur bu. Elbette seyircinin oyuncularla ya da sevdiği bir oyuncuyla özdeşleşmesi de vaki ama aralarında mesafe olmalı. Mesafenin çökmeye en yakın olduğu nokta bir oyuncunun golü kutlamak için kalabalığın içine atladığı ve sonra da sarı kart gördüğü anlardır. Fakat oyun estetik mesafeyi gerektirir.

Daha da ileri gidip diyebiliriz ki, oyun seyirci için vardır. Yani maç oyuncular için değil, bizim için, futbolseverler içindir. Aristoteles'e gelince, tragedya ayrıcalıklı bir poetika biçimidir; hem destandan hem de komedyadan daha yüksek bir konumda durur, hatta tarih yazımından da yukarıdadır. Keza tragedya seyirci üstünde bir etkide bulunmak için vardır. Aristoteles bilindiği üzere bu etkiyi dramanın uyardığı ya da uyandırdığı ve *katharsis*'e ulaştırdığı korku ve acıma duygularıyla ifade eder. Gadamer *katharsis*'i arınma olarak yorumlar, ki muhtemel anlamlarından biri de budur ve bu anlam seçimi antik dramayı ritüel, hatta kutsal bir komünyon olarak görme tercihiyle bağdaşır. Bu yorumla ilgili şöyle bir sorun var: Aristoteles'in *katharsis*'ten kastının ne olduğunu pek de bilmiyoruz, bu terimin başka eserlerindeki çoğu kullanımı menstrüasyon ve ejakülasyon gibi organik ya da biyolojik işlevlere gönderme yapıyor, zaten *katharsis* bu yüzden yarı-fiziksel bir arınma olarak da yorumlanabiliyor.

Katharsis'in anlamına dair o kadim tartışmaya girmenin yeri değil şimdi. En iyisi şöyle diyelim: Aristotelesçi *katharsis*'in ritüel bir arınma olup olmadığı pek de belli değildir, keza Lacan'ın tercih ettiği gibi yüceltme olup olmadığı, yahut ahlaki bir eğitim olup olmadığı da net değildir. Nitekim pek çok filozof bu tepeden bakmacı eğitim fikrini çok sever. Bir tür eğitim olarak *katharsis* fikrinin cazip olması gayet anlaşılır, çünkü tiyatroya iç rahatlatıcı bir ahlaki işlev verir. Guinness birası gibi tiyatronun da size iyi gelmesi gerekir. Ben bu yoruma hararetle karşı çıkıyorum, çünkü Antik Yunanların tiyatroyu eğitim aracı olarak gördüğünü tahayyül etmek tamamıyla varsayıma dayanıyor. Böyle bir şey söz konusu değildi. *Katharsis* dramatik eylemle duyguların yükselip alçaldığı, sonrasında belli bir şey hissetmeyip gündelik hayatlarımıza, bu hayatların çatışmalı ve banal taleplerine geri döndüğümüz bir durum da olabilir gayet. Bence hakikate daha yakın bu, en azından futbol söz konusu olduğunda. En heyecanlı, nefes kesici, korku ve acıma uyandırıcı maçı izliyor olabiliriz, ama sonra düdük çalar, maç biter ve hayatlarımıza döneriz; işimize gücümüze bakarız, çimleri biçeriz, çay demleriz, Facebook'a bakarız. Hiçbir şey kökten değişmez. Hayat devam eder. Kim bilir, belki sonra başka bir maç olacaktır. Dramaya da, futbola da ahlaki bir eğitim olarak bakmak için bir neden göremiyorum.

Futbolseverlerin böyle bir eğitime ihtiyacı yok, oyunu gayet iyi biliyorlar zaten. Tabii daha çok şey bilebilir, bilmek isteyebilirler, ama futbolseverlerin büyük çoğunluğu etkileyici bir bilgi temeliyle başlar.

APTALLIK

FUTBOLUN kutsal bir boyutu varsa, ben bunu oyunun tam da sıradanlığında ve su götürmez aptallığında görmeyi tercih ederim. Futbolu benim kadar çok sevmek –ki pek çoğumuz çok sever– cidden salaklıktır, oyunun muazzam cazibesinin bir kısmı da gönüllü olarak aptalca bir şeylere teslim olma isteğimizden gelir. Çok vakit almasını da bir yana bırakıyorum. Fakat aptal olmakta bir sorun görmüyorum. Futbolun kutsal niteliği saçma görünen unsurlardadır, örneğin formaların rengi: Brezilyalıların sarı tişörtleri, İtalyanların değişmez azur mavisi, İngilizlerin zambak beyazı, İrlandalıların yeşili, Almanların siyah şortları, Uruguaylıların gök mavisi ve siyahı, bir de sürekli renk değiştiren Ruslar (2016 Avrupa Şampiyonası'ndaki bordoya çalan formaları cüretkâr Sovyet kırmızısına hem selam ediyor hem de ondan kaçınıyordu, üstelik katbekat daha iyi görünüyordu). Toussaint "stadın güçlü ışıkları altında sahanın mutlak yeşilinin" oluşturduğu fonda nasıl öne çıktıklarını ifade ederek bu renklerin güzelce hakkını veriyor.

Philip Schauss futbolu Erasmus'un *Deliliğe Övgü*'sündeki "kafasına eseni düşünmeden yumurtlayan" Deli figürüyle bağdaştırarak futbol dünyasındaki aptallığı hoşça kur-

calıyor.[21] Maç sırasında pek çok futbolsever böyle hisseder. *Her şeyi* söyleriz. Futbol izleme deneyimi tuhaf bir konuşma ruhsatı ve serbestliği bahşeder, sık sık münasebetsiz ve büsbütün müstehcen şeylere sapan gerçek bir *parrhesia* ya da toksözlülüktür bu. Futbolun aptallığının ucu bucağı yoktur, mesela yapılan faul, kullanılan korner, hedefi bulan şut sayısı gibi istatistik saplantıları. Bu sayımların yerini özellikle de Almanya'da *Gegner überspielen*, "oyunda rakibi saf dışı bırakma" oranı almıştır; rakip takımın savunmasını geçen ve gol şansı yaratan pasların mahiyetini ve sıklığını ölçmek amaçlanır. Schauss şöyle yazar: "Fanatizm ve saplantı futbolda yaygın durumlardır. Delilik ile aptallık arasında bir yerde dururlar, illa da ikisinden birine taşmaları gerekmez." Buradaki düşünce Gadamer'e yakın terimlerle de ifade edilebilir: Oyun alanında (*Spielraum*) ikamet etmek olağan ve gündelik dünyayla, erekler dünyasıyla (*die Welt der Zwecke*) teması kaybetme deneyiminin mutlu aptallığına girmektir. Futbol izlerken başka bir dünyaya, harikulade aptal bir dünyaya gireriz.

Büyük menajer Brian Clough'ın aptallığı geliyor aklıma: 1974'te İngiltere şampiyonu Leeds United'dan sadece kırk dört gün sonra kovulmuştu. Don Revie'nin görevini devralmıştı; Revie İngiltere'yi çalıştırmak üzere Leeds'ten ayrılmış, son derece başarılı, dirayetli ve sevilen bir menajerdi. Clough, Revie'nin agresif ve fiziksel oyun tarzını defalarca alenen eleştirmiş, oyun tarzı için "pis" ve "hilebaz" sözlerini kullanmıştı. Bence Clough burada hatalıydı. Doğruya doğru, Leeds sert bir takımdı, ama Leeds'in güzel futbol oynayabildiğinden kuşku duyan herhangi biri Mart 1972'de Southamp-

21. Philip Schauss, "On Stupidity in Football"; 2 Temmuz 2016'da Basel Üniversitesi'nde yaptığı konuşma.

ton'ı 7-0'la paramparça etmesine bakabilir ki Barcelona'yı çamur banyosunda oynarken izlemek gibidir bu.[22] İlginçtir, kovulduğu gece Clough, Yorkshire Television'a uzun bir röportaj vermiştir ve diğer konuk Revie'den başkası değildir. Diyelim ki atmosfer gergindi. Ama Revie ile Clough arasındaki münakaşanın temel meselesi, Clough şu sözleri sarf ettiğinde ayyuka çıkmıştır: "Ben Don Revie'den farklı bir futbol konseptine inanıyorum. Ütopyayı hedeflemek olabilir bu, biraz aptalca da olabilir. Ben böyleyim işte. Bu türden şeyler konusunda biraz aptalım. Biraz idealistim. Perilere inanıyorum." Oyunun sinizmine, yozlaşmışlığına ve müzmin kapitalizmine rağmen futbolsever olmak perilere inanmayı, bir tür aptallığı ve ütopyacılığı gerektirir. Erasmus'un *Deliliğe Övgü*'sündeki (*Encomium Moriae*, "Thomas More'a İthafen") deliliği More'un *Ütopya*'sına bağlayabiliriz. Delilik ile ütopyaya inanmak arasında bir bağ vardır. Clough'ın ütopyacılığı, Revie'nin oyun tarzının çirkinliği olarak gördüğü şeye estetik muhalefetini tetiklemiş ve "halı futbolu"na (futbolun yerden oynanan bir oyun olduğuna) inancını güçlendirmiştir: "Tanrı futbolu gökte oynamamızı isteseydi, çimleri oraya koyardı." Clough Leeds'ten sonra Nottingham Forest'ı çalıştırmaya başlamış ve 1977-78 sezonunda İngiltere Ligi'nde şampiyon olmuş, 1979 ve 1980'de art arda Avrupa Kupası'nı kazanmıştı. (Bu payeyi kazanan diğer tek İngiliz takımı 1977 ve 1978'de Liverpool olmuştur. Milan 1989 ve 1990'da, Real Madrid de 2016 ve 2017'de art arda şampiyon olmuştur.) Elbette iş uluslararası turnuvalara gelince, seyircinin teslim olduğu aptallık besbelli milliyetçilik oluyor. Toussaint futbolun ironik bir milliyetçiliğe, ha-

22. Leeds United'ın Southampton'ı 7-0 yendiği maçın öne çıkan anları YouTube'da bulunabilir.

fif alaycı bir gülümsemesi olan şovenizme izin verdiğini belirtiyor: "Yaşasın Belçika!" demişti bir defasında eski dostum Flaman Philippe Van Haute. Kabul edilebilir tek milliyetçilik biçimi Belçika'nınkidir, çünkü ülke hepten bölünmüştür ve sürekli parçalanmanın eşiğindedir. Soru şu: Bu türden bir ironik milliyetçilik İngiltere ile Almanya, Brezilya ile Arjantin, Ukrayna ile Rusya, Kuzey Kore ile Güney Kore arasında olduğunda sürdürülebilir mi? Cevaplaması güç. Bunun kolayı milliyetçiliği bırakıp ister liberal ister solcu olsun bir tür futbol küreselciliğini ya da futbol kozmopolitanizmini benimsemektir. Ama bu da bana aşırı kolaycılık gibi geliyor, (özellikle de günümüzde tüm Avrupa'da popülist sağın yükselişiyle birlikte) hepimizin milli özneler olarak "çağırıldığını" gözden kaçırıyor.

Milliyet kolayca reddedilip geçilemez, zira geldiğimiz yeri ve bu yerin kim olduğumuzu, nasıl düşündüğümüzü ve konuştuğumuzu şekillendirdiğini inkâr etmek olur bu. Milletin ferasetsizce devletle özdeşleştirilmesine karşı olsam da, milliyetin doğasını ve bir yer, kimlik ve tarih algısı sağlamasındaki hayati önemini kolayca görmezden gelemeyeceğimizi ya da azımsayamayacağımızı düşünüyorum. Aynı zamanda milli duygunun karmaşıklığını ve egzotikliğini kabul etmemiz gerekiyor, özellikle de böyle bir şeyi kendimizinkinden başka bir millet için hissettiğimizde. Örneğin, ki bu konuda yalnız değilim, ilk kez başka bir millete tutkulu bir çekim hissetmem 1970 Dünya Kupası'nda Brezilya'yı izlerken olmuştu (on yaşındayken üstümde alt üst takım Brezilya formasıyla futbol topu tutarken çekilmiş bir fotoğrafım var). Futbol hiç gitmediğim ve belki de hiç gitmeyeceğim yerleri hayal etmeme imkân veriyor: Kamerun, Kazakistan, Kamboçya ... Belçika.

ZEKÂ

FUTBOLSEVER OLMANIN güzel aptallığı, antik tiyatroda drama izleyen seyircinin kapıldığı, Gadamer'in "trajik tefekkür" dediği şeyle ilişkilidir. Bence futbolda da benzer bir şey oluyor. İzleyici oyuna tefekkürlü bir mesafede duruyor, seyircinin iştirak tarzı olan teorik ya da estetik bir mesafede. Seyircilerin kendilerini eylemden uzak tuttuğu anlamına gelmiyor bu, orada mevcut olarak ve dikkat kesilerek iştirak ediyorlar eyleme. Biraz daha ileri götürürsek, seyirci oyuncuların hizmetinde veya onlara göre ikincil konumda değildir. Aksine bence sahadaki oyunculara oranla üstün taraf seyirci. Seyirci hakem, *umpire*'dır; bu sözcük etimolojik açıdan "denk olmayan", "diğerlerinin eşiti olmayan" anlamındaki *nonper*'den gelir. Hegel'in futbol üstüne düşünme şansı olsaydı, şöyle derdi herhalde: Oyuncuların varlığı kendinde-varlık değil *bizim-için-varlık*'tır, seyircilerin dolayımından geçer ve oyuncuların varlıklarının olumlanması için seyirciler tarafından tanınması gerekir.

Bunu akılda tutarak, Sartre'ın ilk bölümde ileri sürdüğümüz düşüncesini genişletebiliriz. Bireysel oyuncunun özgür faaliyeti takımın kolektif eylemine tabidir, hem takımla bütünleşmiştir hem de takımın örgütsel yapısı sayesinde takımı aşar. Fakat bu kolektif eylem ya da praksis seyircinin teorik bakışıyla dolayıma girerek başka bir düzeye taşınır. Yani ancak takımın kolektif faaliyetinin ya da praksisinin seyircilerce teorik olarak tanınmasıyla takımın *bütünlüğü* idrak edilebilir. Takıma bütünlük veren seyircidir, hatta rakip takımla birlikte maça bütünlük veren de seyircidir. Daha basit bir ifadeyle, oyuncular oynar ama bütün resmi gören sadece taraftarlardır. (Yalnız şunu da söylemeden edemeyeceğim, son düdükten beş-on dakika önce, güya trafiğe yakalanmamak için taraftarların maçtan erken ayrılmasını hiç aklım almıyor. Trafiği bu kadar dert ediyorsanız, zahmet edip niye maça geliyorsunuz ki?)

Tartışmalı da olsa farklı seyirci türleri arasında bir ayrım yapmak gerekiyor. Vaktiyle futbol oynamış seyirci ile oynamamış olan arasında. Bir zamanlar iyi kötü futbol oynamış olanlarımız seyredilen oyunun hareketini fiziksel biçimde hisseder. Sahadaki her pası hareketin yankısıyla ya da bedendeki hareketin zihindeki yansımasıyla takip ederiz. Boyun kaslarında küçücük bir oynama olabilir bu, örneğin ceza sahasına bir orta açıldığında oyuncunun hareketini öngörüp belki fısır fısır "siktir git oraya işte!" dersiniz. Park ya da otopark gibi yerlerde futbol oynayan çocukları izlediğimizde de dikkat kesiliriz. Oyunun hareketine yoğunlaşırız ve dolaylı biçimde dahil oluruz. Hatta bazen dayanamayıp oyuna katılırız, topu isteriz ya da çocukların birinden topu çalmak için pata küte mücadeleye gireriz. Hoş bir şey değil, biliyorum.

Şimdi argümanın can alıcı noktasına geldik, biraz çelişkili görünüyor ama olsun. Seyirciler futbolun güzel aptallığına teslim olmayı seçse de, büyük bir zekâyı haizdir. Oyunun nasıl gittiğini ve muhtemelen nasıl sonlanacağını bili-

yorlardır. Oyuncular oyunda kendini kaybeder. İyi oynuyorlarsa, maçın hararetinde kaybolurlar. Öte yandan seyirci apayrıdır, kendilerini sahadaki coşkulu faaliyetten tenzih eden mutlak bir mesafeden iştirak ederler oyuna. Takımları güle oynaya maçı önde götürürse, seyirciler mutlu olur; hele ki gol atarsa, kısa süreliğine olsa da çılgınca kendilerinden geçerler. Fakat genelde bir önseziyle izleriz maçı. Tefekkürlü mesafe kaygı verici bir mesafe olabilir. Klasikçi Mary Lefkowitz'in bir düşüncesinden hareketle denebilir ki, seyircinin rolü antik tragedyadaki tanrıların rolüne benzer: Olan bitenin salt tesadüf veya şans oyunu değil kaderin entrikalarının bir parçası olduğunu bilerek gözlemlerler eylemi, böyle izlerler oyunun gidişatını.[23] Antik dramada, özellikle Euripides'te tanrılar vinç gibi bir tiyatro düzeneğiyle (*mekhane*) sahneye çıkardı, tıpkı kozmik bir stadyumdaki seyirciler gibi. Oyuncularsa genelde kaderin oyuncakları gibidir, dramanın gidişatı üstünde etkide bulunmaya güçleri yetmez, yoğun çabalarına rağmen trajik sonu da değiştiremezler.

Özellikle İngiltere'yi büyük, uluslararası bir turnuvada izlemek böyle bir şeydir benim için: Oyuncular boşuna koşturup durur, top sahada sürekli bir o yana bir bu yana gidip gelir ya da kaleciye döner, hücum oyuncuları ya tuhaf biçimde sabittir ya da topun hiç gelmeyeceği alanlara koşar, oyuncular arasında belirgin bir korku havası oluşur ve taraftarlara bulantı olarak sirayet eder. Oyuncular kendilerini paraladıkça, kötü kaderin ağlarına daha çok yakalanırlar sanki. Beckett'ın *Godot'yu Beklerken* oyununun birinci perdesinde Pozzo'nun "ağ dansı" dediği, Lucky'nin psikotik dan-

23. Mary Lefkowitz, *Euripides and the Gods*, New York ve Oxford: Oxford University Press, 2016.

sını izlemek gibidir. Taraftarlar olacakları önceden bilir, sersemlemiş ve hüsrana uğramış halde yerlerine gömülürler. Aslında daha da beterdir, çünkü hâlâ vakit varsa, uzatmaların bitmesine birkaç dakika olsun kalmışsa, hâlâ umut besleyebiliriz. Birazdan göstereceğim üzere, futbolda öldürücü olan şey hayal kırıklığı değil, hep yenilenen umuttur. Futbol taraftarı, özellikle de İngiltere taraftarı olmanın en kötü yanı olacakları önceden bile bile umut etmekten oluşan o korkunç, zehirli kokteyli içmektir.

Bertolt Brecht 1920'lerde "epik tiyatro" dediği fikri işlemeye çalışırken harika bir şey düşünmüştü. Ona göre tiyatronun sorunu –özellikle de geç on dokuzuncu ve erken yirminci yüzyıl burjuva tiyatrosunun natüralizmi bağlamında– şuydu: Seyirci bir oyunu izlemeye gittiğinde uyukluyor ya da hipnotize oluyordu. Brecht'in istediği ayık ve zeki bir izleyiciydi. Standart tiyatro izleyicisi eleştirel yetilerini kapayarak oturduğu yerden oyuncuların bireysel ihtişamıyla aptal aptal gözyaşlarına boğulmayı bekliyordu, ama Brecht'in istediği zeki, bilgili, eleştirel bir izleyici kitlesiydi, rahat ve konuya hâkim bir kitle. Bu yüzden Brecht yeni epik tiyatrosu için daha ziyade spor izleyicisi gibi bir izleyici kitlesi istediğini söylemiştir: abur cubur yiyen, puro içen, konuşan ve gürültü yapan, şarkı söyleyen, tezahürat yapan ve yuhalayan bir izleyici kitlesi. Bence Brecht haklıydı, nitekim tersinden bakınca futbol izleyicisinin zekâsını takdir etmemizi sağlıyor.

Biliyorum, bu söyleyeceğim futbolla pek alakası olmayanlara tuhaf gelecek, ama futbolseverler için apaçık. İddia ediyorum ki futbol taraftarı olmanın içinde hakiki bir zekâ payı var. Ne düşündüğünüzü tahmin ediyorum. 1980'lerin başında Stamford Bridge tribünlerinde oturduğumu, o zamanki Chelsea taraftarlarının ne kadar ırkçı olduğunu neredeyse hiç anlamadığımı hatırlıyorum. Çok çirkindi. Leeds ile Arsenal karşı karşıya geldiğinde, Arsenal taraftarlarının Yorkshire katili Peter Sutcliffe'e dair fıkralar anlatmaktan nasıl keyif aldığını biliyorum. Manchester United taraftarları doksan altı Liverpool taraftarının öldüğü 1989'daki Hillsborough felaketiyle ilgili şakalar yapıyor. Liverpool taraftarları da, sekizi Manchester United oyuncusu olmak üzere yirmi üç kişinin öldüğü, büyük menajer Matt Busby'nin ağır yaralandığı 1958'deki Münih uçak kazasıyla ilgili şakalar yapıyor hâlâ. Futbolseverlerin böyle iğrenç hadsizliklerine daha pek çok örnek verilebilir.

Fakat futbolseverler bir grup aptal holigandan, hırt milliyetçiden ya da bağnaz faşistten ibaret değil. Kutsal bir komünyona katılan yarı-Nietzscheciler de değiller. Her ne kadar patavatsızlıkta ve *parrhesia*'nın hadsiz toksözlülüğünde sık sık aşırıya kaçsalar da, futbolseverler genelde zeki, bilgi sahibi, eleştirel bir kitledir. Genelde konuya gayet hâkimdirler, görüşlerinde belli bir rahatlık vardır, tarafsız bir futbol otoritesi misali hükümde bulunmaktan çekinmezler, hele ki bir oyuncu iyi oynuyorsa veya pek koşmuyorsa ya da teknik direktör taktik bir hata yapıyorsa. Bütüne hâkim izleyicilerdir onlar, resmi bütün olarak görebilme kabiliyetleri vardır. Futbolseverlerin zekâsı beni hep çok etkiler, bilgeliklerini takdir etmeyi beceremeyip onlara aptal muamelesi yapanların cehaleti de aynı ölçüde canımı sıkar. Kanımca futbol gidimli rasyonalitenin muazzam bir örneğidir. Hatta belki de futbol, Alman filozof ve toplum teorisyeni Jürgen Habermas'ın iletişimsel eylemin uzlaşımsal doğasına ve sağlam argümanın gücüne dair iddiasında haklı olduğu tek insan faaliyeti alanıdır. Takımımızı destekleriz ve bunun için sağlam nedenlerimiz vardır. Ama aynı şekilde diğer takımların taraftarlarının da sağlam nedenleri vardır.

COLD BLO

V LANE

Dikkat çekmek istediğim iki özellik var. İlki, aynı takımın taraftarları arasında argümanların rasyonelliği. Yoldaş Liverpool taraftarlarıyla konuşmaya saatler, günler, haftalar, yıllar harcadım; takımın formunu, transfer politikalarını, kadro seçimini, çeşitli taktik dizilişlerini ve bununla bağlantılı olarak takımın tarihi, gelenekleri, zaferleri ve şanlı mağlubiyetlerini tartıştım. Tuttuğumuz takımın taraftarıyla karşılaştığımızda, dinleyenin konuşana ah uh etmek veya oflayıp puflamak gibi her türlü sözsüz işaretle bağlı olduğu yalnızca sosyal işlevli bir birliktelik değildir söz konusu olan. Hayır, konuşuruz, neyi ne kadar bildiklerini, ne tür taraftarlar olduklarını, en önemlisi de onları ne kadar ciddiye alacağımızı anlarız. Ciddi bir taraftarla karşılaştığınızda, ki bu çok sık olur, kanıtları olan argümanlar dinlersiniz; bunlara mukabil de karşı argümanlar ve karşı kanıtlar sunarsınız çoğunlukla. Böylece iki kişi arasında gidip gelir söz, hem de genelde uzun süre boyunca, oyuncu bir ciddiyetle (sonuçta bir oyundur bu) ama yine de son derece ağırbaşlılıkla. Nitekim takımımız hakkında tutkuyla ve derinden bağlı olduğumuz bir kanaatimizi değiştirebiliriz. Ben bunu binlerce kez yaşadım, her cinsiyetten, yediden yetmişe her yaştan insanla; aslında genelde de oyuna dair çoğu zaman son derece dürüst ve sezgisel bir anlayışı olan çocuklarla. On yaşındaki bir çocukla futbola dair doğru düzgün sohbet edebilirsiniz. Futbol muhabbet açmak için kolay yollar sunar, futbol konuşurken daldan dala atlayarak laklak yapma ile entelektüel konuşma arasında gidip gelmek mümkündür.

İkinci özellik de diğer takımların, sözgelimi Manchester United gibi düşman olduğu için alenen nefret ettiğimiz takımların taraftarlarıyla konuşma deneyimi. Bana şaşırtıcı gelse de, Manchester United taraftarlarının bile takımlarını tutmak için kendilerince gerekçeleri var. Onların bile kıymet verdikleri gelenekleri, tarihleri ve folklorları var. Ne de olsa Liverpool en son 1990'da İngiltere Ligi şampiyonu oldu, Manchester United ise o zamandan beri on üç kez şampiyon oldu. Kimilerine göre şans tabii. Ama bu gerçek karşısında duyduğum ıstırap saygıyla dengeleniyor, zira böyle olmasının sağlam nedenleri var. Düpedüz şans falan değil yani. Özetle şunu söylemeye çalışıyorum: Düşman takımın taraftarlarına kulak verebilir, argümanlarını, gerekçelerini dinleyip fikrimizi bile değiştirebiliriz. Naçizane fikrimce, futbol konuşmak ahlaki davranış ve tartışma için örnek bir model bile olabilir. Keşke hayattaki diğer alanlarda da aynı anda hem böylesine makul hem de böylesine derinden tutkulu ve inançlı olmak mümkün olsa.

Neden böyle olduğunu merak edebiliriz elbette. Futbol konuşurken, genelde birbirini dışlayan özellikler olan rasyonalite ve inanç neden bir arada bulunur? Nasıl oluyor da kendi takımıma güçlü, kabileci, damardan bir sadakat sergilerken düşman takıma da saygı gösteriyorum? Sağlam argümanın gücü nasıl oluyor da iki tarafa da fikrini değiştirme imkânı veriyor? Tartışmanın ciddiyetine olanak veren, oyunun oyun olduğu yolundaki temel varsayımın kabulü mü? *Alt tarafı* bir oyun hakkında konuştuğumuzu bildiğimizde ciddiyetle tartışmak bizim için daha mı kolay?

İtiraf etmeliyim ki bu soruların cevabını bilmiyorum. Fakat futbol ve belki de genel olarak spor üstüne tartışmaları felsefe ve siyaset tartışmalarıyla kıyasladığımızda enteresan durumlarla karşılaşıyoruz. Siyasette, karşı argümanlarla burun buruna gelince, derinden bağlı olduğumuz önyargılarımıza sarılmamız belki de pek şaşırtıcı değil. Ama hatırlıyorum da, Bernard Williams uzun ve güzide akademik kariyeri boyunca, bir filozofun siyasetçilerin fikrini değiştirmesine yalnızca bir kez tanık olduğunu söylemişti: İn-

giliz hükümetinin çocuk istismarının mahiyeti ve etkilerine dair soruşturması sırasında, çocuk pornografisine dair dehşet verici kanıtlar olduğu için, bir ahlak filozofu siyasetçilerin bu konuda yeni bir yasa çıkarmanın gerekliliği konusundaki görüşlerini gözden geçirmelerini sağlamıştı. Akademik kariyerim boyunca binlerce sunum dinlemişimdir. Ama hiçbirinde konuşmacıya verilen cevabın şu şekilde olduğunu hatırlamıyorum: "Dr. Smith, son derece ikna edici konuşmanız için çok teşekkür ederim. Siz haklıydınız. Ben haksızdım." Hiçbir zaman olmaz bu. Ama futbolun ciddiyetsiz aptallığında çok fazla yaşanır. Tuhaf, değil mi?

ZIZOU

FUTBOL "işçi sınıfının balesi"dir. Büyülenme deneyimidir. Bir buçuk saat boyunca kendimizi bıraktığımız başka bir zaman düzeni açılır. Bir futbol maçı gündelik rutinden zamansal bir kopuştur: ekstatik, uçucu, en önemlisi de müşterektir. En iyi haliyle futbol, deneyimin yoğunluğundaki değişimlere ve bu yoğunlukları en yüksek düzeye çıkarmaya dairdir.

Şu âna kadar bu kitaptaki amacım futbol deneyiminin poetikasını çıkarmaya çalışmaktı. Şimdi bu poetikayı daha önce sözü geçen örnek bir sanat eserine, Douglas Gordon ve Philippe Parreno'nun *Zidane* (2006) belgeseline odaklanarak genişletmek istiyorum. Bu filmi Hellmuth Costard'ın yüce George Best hakkındaki 1971 tarihli belgeseli *Football As Never Before / Yok Böyle Futbol*'a saygı duruşu olarak görüyorum. (Bu arada, Best'i en parlak günlerini artık geride bıraktığında, belki de ununu eleyip eleğini asmışken, 1970'lerin ortasında Luton'da bir veda maçında izlemiştim. Pek hareket etmese de, topla buluştuğunda hâlâ harika şeyler yapıyordu.) *Zidane* belgeselinin alt başlığı *Bir 21. Yüzyıl Portresi* – bu sözlerin geniş bir anlam yelpazesi var.[24] *Zi-*

24. *Zidane, un portrait du 21e siècle*, 2006, Artificial Eye DVD, 2007.

dane imgenin doğasına ve gerçekliğin sonsuz dolayımına dair derin bir düşünme. Film alışıldık, yavan televizyon imgeleri ve maç yorumlarıyla açılıyor, ama sonra başka bir şeyin içine çekiliyoruz... şimdilik bu "başka bir şey"i bir kenara bırakalım.

Zidane, gayet aşikâr bir biçimde, gerçekliğin tamamen dolayımlı olduğu bir yirmi birinci yüzyıl portresi. Bir şöhret ve meta dünyası, pürüzsüz ve gıcır gıcır yüzeyler dünyası, sanrısal bir gerçeklik. Yirmi birinci yüzyıl bir portre. Her şey portre. Bizzat Zidane ya da Zizou da bir portre, mükemmel ve büyülü bir fetiş, arzu uyandıran bir saf meta; hakları Adidas, Siemens ya da bir yığın başka sponsorun mülkiyetinde olan bir ürün. Zizou bir "gösteri".

Ne var bunda, diye cevap verebilirsiniz. Doğru. Haklısınız. Hepimiz sitüasyonistlerin çocuklarıyız, "gösteri toplumu"nda yaşıyoruz, dünya metalaşmış imgeler dünyasından ibaret. Ama Zidane'ın portresiyle ilgili başka şeyler de var. Douglas Gordon bir yerde portre sanatında sessizlik ve hareketsizliğin öneminden söz ediyor. Bence bu çok önemli. Bir düzeyde, bir portreye baktığımız zaman bu imgede kendimize dair bir şeyler ararız. Bu durumun farkında olan Zidane film için verdiği bir söyleşide belgeseli izleyenlerin belki de kendilerini onun yerine koyabileceğini söylüyor, "birazcık" diye ekliyor. Özdeşleşme düzeyinde imgenin doğası böyledir. Bunda sorun yok. Ama dahası var.

Meselenin bir de o "birazcık" boyutu var. Bir portre olarak *Zidane*'ın paradoksu, Zidane'ın sürekli hareket halinde olması, kalabalığın ve maçın gürültüsüne boğulmuş olması. Ne var ki çehresinin sıkılığı, kapalılığı ve sertliğinde derinin altını, imgenin ardını da görüyoruz; başka bir şeyi, bir hakikati, karanlık bir hakikati, hatta imgenin ötesinde bir gerçekliği. Her nasılsa filmin kakofonik gürültüsünde ve

adidas
SIEMENS
mobile

aralıksız hareketinde karanlık bir hareketsizlik ve sessizlik nüvesi var.

Bunun tipik örneği on yedinci yüzyıl İspanyol ressam Diego Velázquez. Sanıyorum ki *Zidane*, Roma'da Palazzo Doria Pamphilj'de sergilenen Papa X. Innocenzo'nun meşhur portresine bir tür saygı duruşu veya portrenin yeniden canlandırılması. Francis Bacon'ın bir takıntı haline getirdiği bu portre pek çok çalışmasına esin kaynağı olmuştur. (Rivayete göre, Bacon Roma'ya Velázquez'in resmini görmeye gitmiş, ama bulunduğu odaya girmeye cesaret edememiş, portrenin böylesine güçlü bir etkisi varmış üstünde.) Malum, pek de masum (*innocenzo*) görünmeyen Papa, Velázquez'in portresini gördüğünde "fazla doğru" (ya da "hakikatin bu kadarı fazla") demiş. Bu ifadede Zidane'ın filmdeki kendi imgesine dair sözlerinin yankıları var. İlk olarak, çehresinin "biraz sert, biraz kapalı" göründüğünü söylüyor, ama sonra ekliyor: "Bu bendim; ben buydum işte."

O halde Zidane iki anlamda portre. Bir yandan, hımbıl hımbıl girdiğimiz yüzyıla dair metalaşmış imgelerle bir gerçeklik karesi sunuyor bize. Diğer yandan, imgenin duyusal içeriğini aşan biçimde Zidane'a sadık bir portre bu. Ulaşılmaz bir içselliği anıştırıyor, metalaşmayı aşan bir gerçekliği sezdiriyor; bir atmosferi, Eurydike Hades'e doğru yitip giderken omzunun üstünden bakan Orpheus'u.

Film "sıradışı bir gün" ifadesiyle başlıyor ve bu ifadeye sonra geri dönüyor. Filmin çekildiği 23 Nisan 2005 Cumartesi, muazzam Real Madrid ile başarılarıyla azamet kazanmış Villareal (elli binden biraz fazla nüfuslu küçük bir şehir) arasındaki maçın oynandığı gün son derece sıradan bir gündü elbette. Devre arasında, dış dünyadan rasgele imgelerin oluşturduğu anlık bir sekans var; her şey o kadar kaotik ve karman çorman ki hemen unutuluveriyor. Mühim olan her şey stadyumda, Zidane'ın çehresinde meydana geliyor. Kendini şansa, zamanın akışına, oyunun hareketine bırakmakla ilgili bu. Zidane'ın dediği gibi, beş dakika sonra sakatlanabilirdi ya da maçın sonunda değil de başında oyundan atılabilirdi. Ama atılmadı. Önemli olan zamanın düzenine teslim olma edimi. 90 dakikalık maçın sunduğu hesap ve muhasebe çerçevesinde, düzeninde her an her şey olabilir. Zidane maç esnasında sürekli saate bakıyor, zamanı yokluyor. Çizginin, çerçevenin, maçın zamanı böyledir. Vülger saat-zamanı.

Ne var ki bu teslimiyet içinde başka bir zamansal düzen açılır, farklı bir süre deneyimi, 90 dakikanın çizgisel akışı değil başka bir şey. Kendinizi tamamen şansa bıraktığınızda zorunluluk gibi bir şey, hatta bir kader hissi ortaya çıkar. Zamanın düzenindeki bu çatallanma Zidane'ın bir maç hatırasına dair söylediklerinde de bulunur. Aslında bir maçı hatırlamazsınız, der. Farklı bir süre deneyimini ilan eden bölük pörçük, epizodik, rasgele, bir belirip bir kaybolan imgeler dizisidir geriye kalan. Hafıza alevlenip bir imgeyi ele geçirir, hakikatini soğurur. Ekstaz olarak zamandır bu.

1950'lerin sonunda, üç boyutlu sinemanın revaçta olduğu dönemde bu deneyimi yoğunlaştırmak için sinemaseverlere verilen "kazı-kokla" kartları vardı. Zamanı geldiğinde kartı kazıyıp yeni biçilmiş ferah çimi, barutu, yanmış uzaylı etini filan koklarlardı. *Zidane* filmini koklayabiliyorum.

Futbolu televizyondan izlediğinizde tamamen kaçırdığınız iki şey vardır: koku ve ses. Kokuda yoğun bir şekilde nostaljik, hatta elejik bir şey var. Küçükken babamla izlediğimiz maçları, Liverpool kaybettiyse eve dönerken arabada nasıl ağladığımı düşününce (Şubat 1970'te, FA* Kupası çeyrek finalinde, ikinci lig takımlarından Watford'a 1-0 yenilip rezil olduğumuz için büyük bir hüsrana uğramış on yaşında bir çocuktum), hatırladığım şey kokular oluyor: tuvaletlerdeki kesif çiş kokusu, biftek aromalı Bovril, gazeteden ellerime bulaşan mürekkep, her yerde sigara dumanı, etli turtaların lezzeti. Tabii bunlar beni epey yaşlı gösteriyor, çünkü her şey değişti. Günümüzde modern statlar son derece steril, daha çok alışveriş merkezlerine benziyorlar. Fakat özellikle kış aylarında sahadan tribünlere yükselen ıslak toprak kokusu var hâlâ. Zizou'nun maç boyunca müthiş bir hassasiyetle muamele ettiği toprağın aynısı bu – oyun esnasında yerinden çıkan çim parçalarını özenle yerine yerleştiriyor Zizou, ayağı çimlere sürttüğünde sürekli hafif bir ses çıkıyor.

Zidane filminde bütün mesele ses. Zidane oyun sırasındaki ses deneyiminden söz eder. Seslerle birlikte oyuna kapılmaktan veya oyundan kopmaktan, sahaya çıktığınızda kalabalığın muazzam mevcudiyetinden söz eder. Maç sırasında Zidane'ın işitme duyusu son derece keskindir. Birisinin öksürdüğünü veya yanındakine fısıldadığını duyabilir. "*Il y a du son*", "orada ses var," diyor ve olağanüstü bir ifade kullanıyor: "gürültünün sesi". Birçok açıdan, gürültünün sesinin *il y a*'lığına, orada-varlığına dair bir film bu, içine alıp yutan gürültünün salt oradalığına. Kalabalık içinde olmak böyle bir şey. Daha önce duyusal ekstaz dediğim şey.

Futbolu genelde spiker yorumları aracılığıyla biliyoruz, büyük ölçüde manasız spiker yorumları aracılığıyla. Burada doğrudanlık söz konusu değil. Bütün deneyim tamamen dolayımdan geçiyor ve medyatize ediliyor. Zidane çocukken futbol oynadığında kendini spiker gibi sunduğunu hatırlı-

* *İng.* The Football Association, Futbol Birliği. 26 Ekim 1863'te Londra'da kurulan tarihin en eski futbol federasyonu. Kurallarıyla birlikte bugün bildiğimiz anlamda futbolu başlatan örgüttür. Birliğe üye kulüpler arasında oynanan FA Kupası 1871'den bu yana düzenlenen ilk modern futbol yarışmasıdır. –*y.n.*

yor. "Sayın Başkan" Laurent Blanc'a göre, 1990'ların ortasında Barcelona'da birlikte oynadığı Pep Guardiola bunu hep yaparmış ve Blanc'ın acayip sinirini bozarmış. Ama çocukken hepimiz yapmışızdır bunu; durmaksızın duvara ya da başka bir yere şut atarken kendimizi sunmuşuzdur: "Critchley'nin 93. dakikada galibiyeti getiren golüyle kendinden geçen coşkulu kalabalık sahaya akın ediyor." Kendi varlığınız için en önemli şeye erişmeniz ancak bir vantrilokluk ve kendine mesafelenme edimiyle mümkün oluyordu sanki. Ancak başkasının sesi ve persona'sıyla kendimiz olabiliriz.

Zidane filmi bildiğim kadarıyla maçın özüne en çok yaklaşanı, çünkü büyük oranda katıksız futbol sevgisiyle yapılmış. Ama ancak bu kadar yaklaşabiliyoruz. Zidane Fransız televizyon programı *Téléfoot*'u izlemek için televizyona olabildiğince yakın oturduğunu, spiker Pierre Cangioni'nin sesini obsesif bir şekilde dinlediğini hatırlıyor. Dediğine göre, kendisini cezbeden Cangioni'nin sözlerinin içeriği değil, tonu, aksanı ve atmosferiymiş. Harika bir şey. İşte *Zidane*'ın yaratmaya, bizi çekmeye çalıştığı atmosfer bu: mekânın evokasyonu, semavi bir alan, nefes ve buharın zamanı.

Heinrich von Kleist tuhaf olsa da son derece güçlü kısa denemesi "Kukla Tiyatrosu Üzerine"nin (1810) sonunda zarafetin doğası üstüne kafa yoruyor. İnsan bilincinin huzursuzluğu göz önüne alındığında, Kleist şu sonuca varıyor: Zarafet bedensel bir formda ancak "ya hiç bilinci olmayan ya da sonsuz bilinci olan" bir varlıkta ortaya çıkabilir, "yani ya kuklada ya da bir tanrıda". Zidane kukla mı yoksa tanrı mı? Buna cevap veremem. Ama onda *zarafet/inayet* (*grace*) var. Demek ki ikisi de olabilir. Zidane'ın hareketlerinin parmak ısırtan bir zarafeti var, şimdilerde Real Madrid'in teknik direktörü olarak saha kenarında –genelde neredeyse dizlerine kadar inen güzel lacivert paltosuyla– gü-

cünü ustalıkla kullanırken bile.

Yirmi birinci yüzyılda kahramanlığın anlamının –varsa eğer– ne olduğu belli değil. Kahraman bir ikondur. Bunu biliyoruz. Ama aynı zamanda bundan daha fazlasıdır. Gerçek kahraman kırılgandır, yalnızdır. Her şeyden önce Zidane'ın kahraman figürüne en çok yaklaştığı noktadır bu; melankoliyle kendini mahvetmeye meftundur.

Zidane filmde bir kez gülüyor, belki iki kez. İkincisi, yırtıcı şutlarıyla büyük Brezilyalı sol bek Roberto Carlos'la şakalaşırken. Real Madrid aptalca bir penaltıdan gol yedikten sonra maçı önde götürmektedir. Zidane olağanüstü bir zekâ, güç, hız ve beceri sergileyerek ilk golü *ex nihilio*, yoktan yaratmıştır. Mutlu görünür. Ama tehlikeli bir gülüştür yüzündeki. Surat ekşitmeye benzer.

Karanlık çöker, gözler kararır, Zidane kuşku ve kendinden iğrenmenin yoğunluğundan iyice daralmış gibidir. Takım arkadaşına fena bir faul yapılınca, hiç de şaşırtıcı olmayan bir şekilde sahanın öbür ucundan koşup gelir ve adamı haklar; tekrar saldıracak gibi bir hali vardır, derken David Beckham araya girer. Sonra bir ıstırap dünyası çöker Zidane'ın üstüne. Oyundan atılır, Yasa'ya boyun eğer, buna hiç gönlü yok gibidir, yine de boyun eğer, Fransa ile İtalya arasındaki 2006 Dünya Kupası final maçında olduğu gibi (dünyadaki medeni insanların çoğu Marco Materazzi'ye keşke daha sert kafa atsaydı diye iç geçirmişti). Kahramanlık her zaman kendini mahvetmeye ve yıkıma yol açar; melankolinin siyah kartının idaresindedir. Zidane sahadan ayrılırken her şeyin bittiğini bilir. Çaresiz görünür. Kleist'ın kukla tiyatrosu üstüne denemesinin sonunda dediği gibi, "Dünya tarihinin son faslıdır bu."

MENAJER NOSTALJİSİ

FUTBOL DÜŞÜNÜRKEN aslında ne düşündüğümüze dair bir fikir vermeye çalışırken, oyunun, oyuncuların ve seyircilerin bir fenomenolojisinin ana hatlarını çıkardım şimdiye kadar. Ama ihmal ettiğimiz bir figür var: menajer ya da teknik direktör. Nitekim bizzat Zizou oyunculuktan menajerliğe o zor geçişi yapmış; sportif direktörlük kademesinden B takımı teknik direktörlüğüne gelmiş, sonunda 4 Ocak 2016'da Real Madrid'in teknik direktörü olmuş ve yalnızca dört buçuk ay sonra Şampiyonlar Ligi'ni kazanmıştı. 2017'de Real' le kupayı tekrar kazandı, bu başarıyı 2012'den beri ilk kez gelen La Liga şampiyonluğuyla birleştirdi.

Menajer figürünün etrafında oluşmuş yoğun bir nostalji var. David Peace'in Brian Clough ve Bill Shankly üstüne kitapları *Lanet Takım*'ın (*The Damned United*, 2006) ve *Red or Dead*'in (Ya Kırmızı Ya Ölüm, 2013) böylesine başarılı olmasının sebeplerinden biri buydu kuşkusuz. Burada menajer Prometheusvari parlak bir figür olarak sunulur, ama aynı zamanda yaralı ve kusurludur, nihayetinde trajik ve yalnızdır. Peace'in mevzubahis kitaplarıyla ilişki kurmakta ve okumakta zorlandığımı itiraf etmem lazım, öte yandan menajerin bilinç akışını derinden yakalayan bir fenomeno-

loji sunma girişimini de takdir ediyorum. Bu kitapların şimdilerde bize hitap etmesi, betimledikleri muazzam karakterlerin cazip gelmesi oyunun zaman içinde ne kadar değiştiğine işaret ediyor. Futbolun giderek artan meblağlarda parayla kirlenmesine imkân veren neoliberal küreselleşme ve azgın kapitalizmin son kırk yılına geri dönüp baktığımızda, Clough ve Shankly gibi menajerler, keza büyük Sör Bobby Robson (Ipswich Town'la, hatta İngiltere'yle mucizeler yaratmış; İngilizleri 1990 Dünya Kupası yarı finaline kadar çıkarıp sadece bir penaltı vuruşuyla maçı –kime olacak? tabii– Almanya'ya kaybetmişti), Kuzeyli işçi sınıfının yitip gitmiş sanayi dünyasına dair silik hatıralar gibi duruyor – geçmişte kalmış maçların grenli siyah beyaz fotoğraf karelerine, titrek ve sarsak film şeritlerine hapsolmuş bir dünyaya. Bu bakımdan menajer figürü değişime direnen gelenekçi birisi gibi geliyor artık bize; kendine özgü sözleriyle, takıntılarıyla, karizmatik kişiliğiyle kendini savunan, Topluluk Futbolu oyunundan miras kalan antika birisi. Hem Clough'ın hem de Shankly'nin kendini sosyalist olarak tanıtması da tesadüf değil, ikisi de oyunun erdemi ve güzelliği olarak gördükleri şeyi savunarak paranın zehirli tesirine, topu "şişirmeye" dayanan defansif futbol sinizmine karşı çıkmıştı. İkisi de oyunu doğru oynamak istemişti: yerden, hücum hızında, hareketle, maharetle ve kendini ortaya koyarak. Shankly ve Clough gibi figürlere olan sevgimiz küreselleşme öncesi diye varsaydığımız bir zamana, oyunun daha basit ve daha erdemli oynandığı bir zamana özlemimizi yansıtıyor. Burada nostaljinin alanındayız, ama nostaljinin geçmişte kaldığını kim söyledi? Aynı zamanda mitin alanındayız, ama kusurlu kahramanlara dair hikâyelerin gücüyle ayartılma ihtiyacımızı da asla hafife almamamız lazım. Bu bakımdan Antik Yunanların çağdaşı oluyoruz.

Menajer mesiyanik bir figüre benzetilebilir, ama Jose Mourinho gibi "özel biri"ne* değil de (hatırlanacağı üzere, önce Portekiz'de [Sporting Lizbon ve Porto], sonra Barcelona'da tercümanlığını yaptığı Bobby Robson'la yollarını ayırmıştı) mesela Clough'a (Leeds'te çarmıha gerilen bu Tanrı Nottingham Forest'ta dirildiyse de son günlerini derbeder halde geçirdi). Ya da 1974'te gizemli bir şekilde "emekli edilen", yalnız yürümek zorunda bırakılan,** kulübü tarafından ihanete uğramış hisseden Shankly'ye (bu kötü muamelenin suçlusu bariz Liverpool'du). Menajer, ölümden uyanan Lazarus figürüne de benzetilebilir. Claudio Ranieri'ye gelen akıl almaz ve kuşku uyandıran tepkiyi düşünün; Ranieri Temmuz 2015'te Leicester City'nin menajerliğine getirilmiş, sonraki yılın mayıs ayında on puan farkla Premier Lig'de şampiyon olmuş, dokuz ay sonra Şubat 2017'de ise utanç verici biçimde kovulmuştu. Arrigo Sacchi'den de söz edebiliriz; eskiden ayakkabı satıcısı olan Sacchi 1980'lerin sonunda Milan'ı büyük başarılara taşıyarak kulüp bazında Avrupa futbolunun tarzını dönüştürmüştü. Büyük Mario Zagallo'dan da bahsetmezsek olmaz; 1958 ve 1962'de Brezilya'yla iki kez Dünya Kupası'nı kazanmış, sonra 1970'te menajer olarak, 1994'te yardımcı antrenör olarak aynı başarıya tekrar erişmişti.

Menajer figüründe bir tür püritenlik var, zira menajer katı ahlaki erdemlerin bekçisi rolündedir, etik ilkelerine bağlıdır, sabahları erken uyanır, düzenli ve sıkı çalışır, oyuncularına ve ailesine sadıktır, aynı zamanda takımında saygı,

* Mourinho'nun bir basın toplantısında sarf ettiği "Küstah biri olduğumu düşünmenizi istemem ama ben Avrupa şampiyonuyum, yani özel biri olduğumu düşünüyorum" sözlerine istinaden. *–ç.n.*

** Liverpool'un *You'll never walk alone*, "asla yalnız yürümeyeceksin" sloganına nazire. *–ç.n.*

hatta korku uyandırır. Alex Ferguson gibi bir-iki kadeh parlattığında ya da Clough gibi şişenin dibini görene kadar içtiğinde bile, menajeri futbolun erdeminin ve doğru oyunun muhafızı olan bir püriten olarak görmek isteriz. Nostaljinin de ötesinde, doğru oynamaya saplantı düzeyinde bağlılık ve oyuncuların ya hizaya gel ya da sonuçlarına katlan mantığında oynamasını beklemek Mourinho, Arsene Wenger ("profesör") ve Pep Guardiola ("filozof") gibi günümüz menajerlerini birbirine bağlayan şeydir. Hepsi de gözü futboldan başka bir şey görmeyen müptelalar; işlerinde bu kadar iyi olmalarının ve onları takdir etmemizin nedeni de bu.

Şu âna kadar bariz hale gelen kişisel nedenlerden ötürü, erdemli ve saplantı derecesinde futbol müptelası menajer mefhumunu Liverpool menajerleri soyuyla bağdaştırıyorum: Shankly, Joe Fagan, Roy Evans, Kenny Dalglish, Gerard Houllier, Rafa Benitez, ama en çok da Bob Paisley. Paisley gelmiş geçmiş en başarılı Liverpool menajeriydi; kulübe elli yıla yakın emek vermiş, menajer olarak dokuz sezonunda altı kez İngiltere Ligi'ni, üç kez Lig Kupası'nı, bir kez UEFA Kupası'nı ve üç kez Avrupa Kupası'nı (Şampiyon Kulüpler Kupası) kazanmıştı. 1977'de Liverpool'un ilk Avrupa Kupası'nı Roma'da Borussia Mönchengladbach'a karşı kazandıktan sonra şöyle demişti: "Almanları burada ikinci kez yeniyorum ... ilki 1944'teydi. Şehir kurtulduğunda Roma'ya bir tankla girmiştim. Otuz yıl sonra buraya dönüp Avrupa Kupası'nı kazandığımız günleri göreceğimizi söyleseler deli misiniz nesiniz derdim. Her dakikanın tadını çıkarmak istiyorum ... bu yüzden bu gece içmeyeceğim. Zafer sarhoşluğu yeter bana." Savaşçı ve Alman karşıtı duygular bir yana, bu cevabın kanaatkârlığı bir hayli ilgi çekici. Paisley zafer deneyimine gölge düşürmemek için içmek istemedi.

Alman olmasına rağmen Jürgen Klopp'ta da Paisley'deki püritenliğin bir benzeri var. Bu yüzden şimdi Klopp'tan biraz daha ayrıntılı söz etmek istiyorum. Klopp'un adı sanı duyulmamış bir figür olmadığını farz ediyorum, öyleyse bile basit bir Google aratmasından saatler boyu sürecek eğlence çıkabilir. Klopp yetenekli, çalışkan, tutkulu, acayip sempatik ve taktik zekâsı yüksek bir teknik direktör. Almanya'da FSV Mainz 05'le başarı yakalayarak kendini kanıtladı, sonra Borussia Dortmund'da geçirdiği yedi sezonda takımın kaderini tamamen değiştirdi, iki kez Bundesliga şampiyonu oldu, 2013'te Şampiyonlar Ligi finaline çıktı. Klopp 8 Kasım 2015'te Liverpool'un menajerliğine getirildi. Haber çıktığında oğlum Edward'la West End'de bir pub'da ale içiyorduk. Edward sevinçten havalara uçtu. Ben de çok memnun oldum. Klopp kargaşa içindeki bir takımı devralıyordu; hayal dünyasında yaşamaya başlayan ve ağzından çıkan her sözle bunu doğrulayan –"İşletme dersi aldım; BMW kullanıyorum"– Brendan Rodgers'ın teknik direktörlük kabiliyetine güvenini yitirmiş bir takım. Takımın Prometheusu Luis Suarez'in Temmuz 2014'te Barcelona'ya gidişinden ve 2013-14 sezonunda Premier Lig şampiyonluğunu kıl payı kaçırdıktan sonra takım yolunu kaybetmişti. 27 Nisan 2014'te Chelsea maçında Steven Gerard topa basıp ayağından kaçırdı, Demba Ba hatayı affetmeyip golü attı, Liverpool 2-0 kaybetti; 5 Mayıs'ta Crystal Palace'a karşı 78 dakika boyunca 3-0 önde götürdüğü bir sonraki maçın son 12 dakikasında, Liverpool üç gol yedi ve Premier Lig şampiyonluğunu Manchester City'ye hediye etti. Amiyane tabirle, Liverpool sıçıp batırdı. Ayrıca salt istatistiksel verilerin analizine dayanan (*moneyball*) o şaibeli transfer politikası da takımı yıprattı – iş Mario Balotelli'nin Liverpool forması giymesi rezaletine kadar vardı. Geçmiş zaferlere takılı kalan (hatırlatayım, beş Şampiyonlar Ligi, üç UEFA Kupası, on sekiz İngiltere şampiyonluğu), tartışmalı biçimde mağduriyet ayaklarına yatan bir takım haline geldik. David Stubbs "Her Zaman Haklı Olan Liverpool Taraftarı" karakteriyle bu mağduriyet halinin müthiş bir hicvini yapar. Yeri gelmişken alıntılamasam olmaz:

> Geçen gece sahada on bir oyuncu vardı. Gurur. Tutku. Yürek. Sadakat. Mertlik. Dürüstlük. Forma. Tükürük. Stan Boardman'ın ruhu. Gerard. Carragher. Hepsi, özellikle de Forma, Forma'yı giymeye hazırdı. John Lennon'ı, George Harrison'ı, Brookside'ı* bizden aldılar ama Forma'mızı bizden alamazlar. Neyi temsil eder Forma? Benim için, Liverpool Futbol Kulübü'nü canı gönülden destekleyen herkes için tek bir şeyi temsil eder: Forma'yı. Hangi Liverpool taraftarı Forma'yı gördüğünde "Forma" sözcüğünü düşünmez? Bu içi boş sözcüğün her harfinin bir değeri vardır; her harf, Liverpool takımındaki gibi, bir rol oynar. Forma sözcüğünden (*shirt*) "r" harfini çıkarın, ne kalır geriye? Bok (*shit*). Çaktınız mı köfteyi? Forma'ya dair bilmeniz gereken bütün mesele budur. Geçen akşam "Forma" gibi oynadık, hepimiz gördük bunu.[25]

2015-16 sezonunun ilk maçlarında Liverpool takımının formsuzluğu (sekiz maçın ardından ligde onuncu sıradaydık) her zaman haklı olan taraftarları ilgisizliğe, kayıtsızlığa ve yenilgiyi kabullenmeye itti. Ama Klopp'un gelişiyle birlikte kulübün içindeki ve dışındaki atmosfer çabucak değiş-

* Liverpool'da geçen popüler bir televizyon dizisi. *–y.n.*

25. David Stubbs, *Send Them Victorious: England's Path to Glory 2006-10*, Winchester: Zero Books, 2010, s. 139.

ti. Liverpool 2015-16 sezonunda Premier Lig'de istikrarsızlık ve savunma zaafından çok çekse de, Carling Kupası (Lig Kupası) ve Avrupa Ligi'nde finale çıkmayı başardık. Ne yazık ki ikisini de kaybettik.

2016 Avrupa Şampiyonası sırasında, temmuz ayının ilk günlerinde Basel'e futbol üstüne konuşmaya davet edilince hemen kabul ettim. Konferans organizatörü Rıdvan Aşkın'a Klopp üstüne konuşacağımı söyledim. Fırtına rüzgârlarını arkama almış gibi, kaderin güçlerini arkamda hissediyordum. Liverpool beklenmedik bir Avrupa Ligi performansı sergilemiş, ezeli rakibi Manchester United'ı, Klopp'un eski takımı Borussia Dortmund'u (bu maça geri döneceğiz) ve yarı finalde Villareal'i yenmişti. Final maçı 18 Mayıs'ta Basel'de St. Jakob-Park'taydı; oraya gidip Sevilla galibiyetini doyasıya kutlarım diye hayal kuruyordum. Ama 3-1 yenildik. Nitekim ikinci yarıda oyunu tamamen önde götürmüşlerdi. Bu kez maçı oğlum ve iki arkadaşıyla Londra'nın güneyinde bir pub'da izledim. İlk yarıyı bir golle önde kapadık, içimiz rahattı. Üstümde Liverpool'un 1976'da giydiği V-yaka, kısa kollu, kırmızı formanın ("Forma"nın) bir replikası vardı; tuvalette işerken kendimden emindim, yüzüm gülüyordu. Yan pisuardaki taraftara dedim ki, "Bence Sevilla'nın boyunun ölçüsünü aldık, maç bizim". O nispeten kuşkuluydu ki haklı da çıktı. İkinci yarı başladıktan yetmiş iki saniye sonra, bahtsız Alberto Moreno'nun ne yazık ki aslında öngörülebilir olan savunma hatasını takiben Sevilla golü buldu; bizim takım şeklini ve güvenini tamamen kaybetti. Orta saha patlıyordu sanki, Sevilla'nın Coke'u (gerçek adı Jorge Andújar Moreno) iki nefis gol daha attı; bu gollerden sonra bir daha toparlanamadık, bir türlü oyuna dönemedik. Korkunçtu. Maçtan sonra ağzımızı bıçak açmıyordu, oğlum da ben de acayip hayal kırıklığına uğramıştık. Ertesi sabah

New York'a döndüm, sırtımda mağlubiyetin ağırlığını hissediyordum. Hâlâ da hissediyorum...

Basel tam bir fiyaskoydu anlayacağınız; daha iyi organize olmuş, daha güçlü, daha etkili ve daha tecrübeli bir takıma teslim ve rezil olduk. Ama mağlubiyetten çıkarılacak bir ders vardır her zaman. Futbol galibiyetten ibaret değil. Genelde mağlubiyete dair. Öyle olmalı. Fakat futbola dair ilginç şeylerden biri mağlubiyetin kendisi değil. Daha önce bahsettiğim üzere, öldürücü olan mağlubiyet değil. Hep yenilenen umut. Her yeni sezonun sunduğu umut. Umut ayağınızı gıdıklar, ama bir de bakarsınız ki –şair ve klasikçi Anne Carson'ın dediği gibi– tabanlarınız yanıyor.[26] Futbol çoğu zaman kendinizi haklı gördüğünüz için adaletsiz bulduğunuz bir deneyim olabilir; mağlubiyet hakemin saçma sapan kararlar vermesine, sahanın veya hava koşullarının kötü olmasına bağlanabilir. Ama kimi zaman söz konusu olan, rakip oyuncuların sizin takımdan düpedüz daha iyi oynamasıdır. Takımınızın yeterince iyi olmadığını fark edince başka türlü bir acı duyarsınız. Yine de gıdıklayıcı umut alazlanmaya ve yanmaya devam eder.

26. Anne Carson, *Antigonick*, New York: New Directions, 2012.

KLOPP-ZAMANI

JURGEN KLOPP'la ilgili tartışmalarda genelde şöyle basmakalıp şeyler söylenir: "heavy metal futbol" tutkusu, "tam gaz" futbol, karşı-pres (*Gegenpressing*) ya da kendine has gülüşüyle "özel biri" değil de "normal biri" olması. Röportajları hep eğlencelidir ama illa da ufuk açıcı değildir. Fakat sözcük dağarında ilgimi çeken, sürekli kullandığı bir kelime var: *an*. Ona göre futbol ânın yaratılması, daha önce anlar üstü an dediğim şey. Şimdi bunu Martin Heidegger'in en önemli felsefi eseri *Varlık ve Zaman*'daki (1927) *Augenblick* fikrine, görme ânına ya da göz açıp kapama ânına bağlamak istiyorum. Böyle bir işe girişmemin tek nedeni Klopp'un Heidegger'in neredeyse tüm kariyeri boyunca okuduğu ve çalıştığı yer olan Freiburg-im-Breisgau'ya yüz kilometreden az mesafedeki küçük Glatten kasabasında büyümüş olması değil, keza Heidegger'in "Kayser" Franz Beckenbauer'in liderlik kabiliyetlerine derinden saygı duyan ve maçları izlemek için ofisinde gizli bir televizyon bulunduran bir futbolsever olması da değil. Daha çok zaman deneyimini futbolla ilişkili olarak düşünmek istediğimden. Daha önce dediğim gibi, futbol zamansal değişimlerle ilgili. Beni özellikle ilgilendiren değişim "saat-zamanı"yla başlıyor; kaçınılmaz biçimde şimdiki zamanın şimdisinden ve gelecek zamanın "henüz-şimdi-değil"inden hareket eden, sonra geçmişin "artık-şimdi-değil"ine kayan gündelik yaşamın vülger zamanıyla – tik, tak, tik, tak.

Saat-zamanı maçın çizgisel ve kronometrik zamanıyla, hakemin ve yardımcılarının itinayla hesabını tuttuğu 90 dakikalık zamanla teyit edilir. Saat-zamanının (*clock-time*) karşıtına Klopp-zamanı (*Klopp-time*) diyebiliriz: Saat-zamanının üstüne ve dışına çıkıp başka bir zamansallık deneyimine girdiğimiz o ânın, göz açıp kapama ânının ekstatik zamanıdır bu. *Varlık ve Zaman*'daki argümanın sonlarına doğru can alıcı bir anda, Heidegger kitabın önceki bölümlerinde geliştirdiği bir dizi kavramı bir araya getirir.[27] Bu pasaj ziyadesiyle karmaşık, müsaadenizle şöyle bir özetleyeyim. Görme ânında gündelik hayata dahiliyetimizin dışına çıktığımız ve gündeliklikle gerçek anlamda ilk kez karşılaştığımız bir kendinden geçişe kapılırız. Göz açıp kapama ânında saat-zamanından ya da Heidegger'in "zamanın-içinde-lik" dediği şimdi-noktalarının bitimsiz akışından çıkıp "el-altında-olmaklık" ile "mevcut-olmaklık" dünyasıyla

27. "Kararlılık içinde, Şimdiki zaman kişinin en yakınındaki nesnelerle oyalanmasından hem geri getiriliyor hem de gelecekte ve olagelmişlikte tutuluyor. Sahih zamansallık içinde tutulan ve kendisi de sahih olan bu *Şimdiki zamana* '*görme ânı*' diyoruz. Bu terim faal anlamıyla bir ekstaz olarak anlaşılmalı. Kastedilen, *Dasein*'ın, Durum içinde olası ilgi nesnesi olarak karşılaşılan imkânlar ve koşullara kendini kaptırdığı, kararlılık içinde *duran* bir kendinden geçiş. Görme ânı, *ilke olarak*, '*şimdi*' bakımından açık seçik hale getirilmesi mümkün olmayan bir fenomendir. 'Şimdi' zaman-içinde-lik olarak zamana ait olan zamansal bir fenomendir: Bir şeyin, 'içinde' ortaya çıktığı, yitip gittiği ya da mevcut-olduğu 'şimdi'dir. 'Görme ânı içinde' hiçbir şey vuku bulamaz; fakat sahih bir 'Şimdiki zaman' ya da bekleme olarak 'görme ânı', el-altında-olan ya da mevcut-olan olarak 'bir zaman içinde' olabilenlerle *ilk kez karşılaşmamızı* sağlar." Martin Heidegger, *Being and Time*, Oxford: Blackwell, 1962; Türkçesi: *Varlık ve Zaman*, çev. Kaan H. Ökten, İstanbul: Agora Kitaplığı, 2008.

ilk kez karşılaştığımız bir ekstaza kapılırız. El-altında-olmaklık ile mevcut-olmaklık arasındaki karşıtlık *Varlık ve Zaman*'ın ilk kısmında kapsamlı olarak açımlanır; bu özel terimler dünyanın idrak edilebildiği iki kategoriyi betimler. Yani ya bizi çevreleyen ve pratik bir ilişki içinde olduğum kullanışlı şeylerin tanıdık, değer yüklü ve vasat dünyası (el-altında-olmaklık) olarak ya da bir filozof ya da bilimci gibi teorik olarak incelediğim nesnelerin değer içermeyen dünyası (mevcut-olmaklık) olarak idrak ederiz dünyayı.

Heidegger'e göre, bu iki teori ve pratik kategorisinin ilk kez olduğu gibi idrak edilmesi, görme ânının *ekstaz*'ı denebilecek perspektiften mümkündür. Şunu da netleştirelim, ekstaz burada Dionysosçu içkili sarhoşluk değildir. *Kararlı* bir kendinden geçiştir, ayık bir ekstazdır, gündelik olanın ilgisizliğini olduğu gibi görür ve bir "Durum" olarak kavrar. *Varlık ve Zaman*'ın temel bir kavramı olan Durum insan olarak "orada olmaklık"ımızın, Heidegger'in deyişiyle *Dasein*'ımızın kontrolümüz dışındaki bir dünyadaki rasgele olaylar olarak tezahür etmediği, imkânlar açısından zengin bir eylem bağlamı olarak yakalanıp kavrandığı mahaldir. Burada söz konusu olan dünyayı ya da kendimizi geride bırakmamız (Heidegger'in basitçe Platon'un mağara mitini güncellemesi) değildir; dünyayı ve kendimizi açıkça olduğu gibi görürüz ve görme ânında varoluşu çokkatmanlı potansiyeli içinde kucaklarız. Andaki kendinden geçişte kararlı dururuz. Şimdi, an bir göz açıp kapama ânından daha uzun sürmez. Fakat o anda saat-zamanının akışını Klopp-zamanında durdururuz, başka bir zaman deneyiminin potansiyelini açarız, böylelikle tarih imkânını, anların bir tarihini yaratırız.

FUTBOL TARİHSELLİĞİ

TARAFTAR OLMAK anların tarihi için yaşamaktır, anların tarihiyle ve tarihi içinde yaşamaktır. Taraftar olmak böyle bir tarihi yaratmak ve sahiplenmektir, daha doğrusu birlikte yaratmaktır, başkalarıyla paylaşabilmek ve anlatabilmektir, yeni anlar yaratma imkânını haiz olmaktır. Taraftarlar arasında birlikteliğe imkân veren, onları bir kolektif, bir ortaklık, derinden hissedilen bir topluluk biçimine getiren tam da anların paylaşılmasıdır. Evvelce bahsettiğimiz Sartre'ın terimleriyle, otobüs bekleyen ya da sinemada kuyruğa giren rasgele bir araya gelmiş bireylerin oluşturduğu bir hattın diziselliğinden kaynaşmış bir gruba, sadakat sözüyle bir araya gelmiş yekpare ve birleşik bir kuvvete geçiştir söz konusu olan.

Bu düşünce hattını unutulmaz bir maç örneğiyle somutlaştırayım. 14 Nisan 2016'da Liverpool'un Borussia Dortmund'a karşı oynadığı Avrupa Ligi çeyrek final maçının rövanşında, Liverpool ilk on dakikada iki gol yedi ve toplamda 3-1 geriye düştü. Devre arası olduğunda Klopp hemen soyunma odasına kayboldu. Çok sakin ve rahat görünüyordu, çünkü ona göre takımın performansı iyiydi, nitekim Liverpool bir sürü gol fırsatı yaratmıştı. Klopp'un futbol yak-

laşımını anlamak için yenilen gollere veya mağlubiyetlere odaklanmamak lazım. Her takım yenilecektir. Klopp –kararlı ve aklı başında bir şekilde– daima performansa odaklanır, çünkü takımın gelişimi için temel önemde olan şey budur. Anlaşılması ve kutlanması gereken performanstır, gol atmak değil. Klopp kendi teknik ekibiyle –"beyin" yardımcı antrenör Željko Buvač, "gözler" Peter Krawietz– maçları analiz ederken belli ki golleri hiçbir zaman izlemez. Goller maç görüntülerinden çıkarılır. Bu yüzden Liverpool devre arasına toplamda 3-1 geride gitse de, Klopp performanstan memnundu. Şimdi "torunlarımıza anlatacağımız bir an yaratma" şansımız var, demiştir takıma; yani bir tarih yaratma şansımız. Heidegger şöyle derdi herhalde: özünde tekrar ve yeniden üretim olan bir miras yaratma.

Tüm futbolseverlerin bildiği üzere, çoğu maç unutulur niteliktedir ve çok geçmeden unutulur. Yakalayıp tutunduğumuz şey, taraftarlara kendi tarihsellik deneyimini, ortak hafızayı ve kaynaşmış bir grup kolektifliğini veren şey paylaşılmış anlar dizisidir: 1977, 1978, 1981, 1984, 2005 – Liverpool'un Avrupa Kupası'nı ve Şampiyonlar Ligi'ni kazandığı yıllar. Ama başka tür anlar da var, örneğin neredeyse hepsi muazzam Juventus'un taraftarı olan 39 insanın öldüğü utanç verici 1985 Heysel Stadı faciası; ya da Güney Yorkshire Polisi'nin elinde 96 Liverpool taraftarının öldüğü 1989 Hillsborough faciası. (Kuzenim David tüm kazazedelerle birlikte Leppings Lane tarafındaki tribünlerdeydi; o yıllarda cep telefonları bugünkü gibi yaygın olmadığından, David'den ancak yirmi dört saat sonra haber alabilmiştik. Hayatını kaybetti diye sahiden korkmuştuk.) Her LFC taraftarının bildiği üzere, Liverpool formasının yaka arkasına işlenmiş, anma mumları arasında bir "96" rakamı vardır hâlâ.

Klopp 9 Ekim 2015'teki ilk basın toplantısında, Liverpool gibi büyük bir takımı çalıştırmayla gelen yüksek beklentilere ilişkin demişti ki, "Tarih bizim için yalnızca tabandır ... ama tarihi sırt çantanıza atıp unutamazsınız ... Bu artık büyük bir takım. Bunu yapma ânı gelip çattı." Klopp sırt çantalarına dair çok şey biliyor, zira Frankfurt Goethe Üniversitesi'nde spor bilimleri bölümünde yazdığı tezin başlığı "*Walking: Bestandsaufnahme und Evaluationsstudie einer Sportart für alle*"dir (Yürümek: Herkes İçin Olan Bir Spor Türünün Envanteri ve Etüdü – pek de heyecan verici bir başlık değil açıkçası). Klopp'un güçlü bir Heideggerci kararlılık damarının yanı sıra saplantılı, hatta püriten bir iş etiği var. Klopp Liverpool gibi bir takımın artık büyük bir takım olduğunu vurguluyor sürekli, ama şöyle bir iradeci şerh de düşüyor: "Eğer istersek ... eğer istersek". Liverpool gibi bir takımı çalıştırmanın baskısına ilişkin, Heidegger'in Durum'a dair söylediklerini andıran şu sözleri söylüyor: "Her maçtan önce, iki maç arasında elbette baskı hissediyorum, ama olabildiğince çabuk gelişmek ve iyileşmek için. Durumu kabul etmek zorundayım." Benzer biçimde: "Baskı var ama maharet maçı kazanacak kadar baskı hissetmekte." Klopp için merkezi önemde olan ve taktik stilini Barcelona'nın organize kesinliğinden ya da birtakım kontratak oyun tarzlarının defans sinizminden farklı kılan, bilhassa duygu, his, tutku, Heidegger'in *Stimmung* ve *Grundstimmung*, "haletiruhiye" ve "temel haletiruhiye" dediği şeydir. Kendisi ve teknik ekibi bariz biçimde veri kullansa da, Klopp için futbol bir oyuncunun oyununun her veçhesinin biyometrik ya da istatistik analizinden, keza oyunda rakibi saf dışı bırakma oranından ibaret değildir. Futbolda nesnelcilik hatasına düşmek olurdu bu. Ama futbol sadece performanstan, baskıyı kabul edip durumu kucaklamaktan da ibaret değildir. Futbol duyguyla ve duygu için, tutkuyla ve tutku için oynamaktır, her şey te-

mel bir haletiruhiyeye ulaşmaya eklemlenir. Teknik direktörün görevi bu haletiruhiyeyi çalıştırmaktır, bunun bireyde ve en önemlisi takım oyununda serpilmesini sağlamaktır; ancak bu şekilde takımın kolektif eylemi bireysel eylemin gelişmesini sağlar, bu suretle taraftarların enerjisi ve müziğiyle beslenir. Haletiruhiyeye böylesine önem veren tek kişi Klopp değil elbette, bu çok açık, bu bağlamda Antonio Conte, Guardiola, Mourinho ya da Wenger de düşünülebilir, ama bence Klopp'ta ses daha yüksek, tutku daha yoğun.

Heidegger'le başka bir analoji kurma riskini göze alacağım, bu kez *Angst* ya da kaygıyla ilgili. Heidegger korku ile kaygı arasında önemli bir ayrım yapar. Korku her zaman dünyadaki bir şeye, bir olguya dairdir. Kaygının ise belli bir nesnesi yoktur. Futbol bağlamında kaygı hata yapma, topu kaybetme veyahut maçı kaybetme korkusu değildir. Kaygı el ayak titremesi değildir. Hayır, kaygı tüm varlığımız zaman deneyimine açılıp gerildiğinde ve kendimizi en canlı hissettiğimizde olan temel duygu durumu ya da haletiruhiyedir. Daha da önemlisi kaygı bir tür sevinçtir, ya da Heidegger'in 1929'daki "Metafizik Nedir?" dersinde dediği gibi, bir sükûndur, "mest olunan bir sükûn"dur. Başka bir yerde "kaygı cesareti"nden de söz eder. Böyle cesurca, sevinçle kaygılı olduğumuz anlarda tasalanmayız, korkmayız, durumu yakalamaya ve oyunun hareketine odaklanırız tamamen. Oyuna tamamen odaklandığımızda ortaya çıkan bu mest olunan sükûn bence taraftar olma deneyimini en iyi şekilde anlatıyor. Her saniye o an gelebilir.

GERİ GETİRMEK

KLOPP İÇİN en önemli şey inançtır. Zira şöyle der: "Birisi yardım etmek istiyorsa, kuşkucu olmayı bırakıp inançlı olmanız gerekir. Çok önemli bir şey bu." Menajer püritenliği meselesine geri dönecek olursak, Jürgen Klopp Tanrı'ya inancını gizlemeye çalışmayan bir Hıristiyan elbette. Dostum Roger Bennett Klopp'a futbol dünyasının sinizmi ile nasıl olup da uçsuz bucaksız gibi görünen bir iyimserlik ve neşeyle başa çıkmayı becerdiğini sorduğunda çekincesiz şöyle cevap vermiş: "Tanrı'ya inanıyorum ve tek işim hayatta elimden gelenin en iyisini yapmak ... Üstümdeki tek baskı iyi bir insan olma baskısı." Kuşkulanmak için hiçbir neden görmediğim, harikulade samimi ve tepkiye yer bırakmayan bir duygu. Gerçekten ilginç ve belki de az buçuk absürd olan meseleyse Tanrı'ya inanç ile futbol takımına inanç arasındaki ilişki. Hiç kuşkusuz, anlatmaya çalıştığım an kavramının belirgin bir dinsel tınısı var. Göz açıp kapama ânı, *Augenblick*, Aziz Pavlus'un *kairos* kavramı için Luther'in bulduğu karşılık; burada *kairos*, kişinin dirilmiş Mesih'in varlığına iman sıçraması yapmaya karar verebildiği doğru an ya da elverişli zaman anlamına geliyor. İnanmak için birçok gerekçe olduğu öne sürülebileceği gibi, inanmamak için de birçok gerekçe var, ama iman sıçraması özü itibarıyla akıldışı bir edim, daha önce sözünü ettiğim ayık bir ekstaz ve kararlı bir kendinden geçiş içinde Durum'u olduğu gibi görme kararının deliliği. Taraftar olmak böyle bir şey. Klopp gibi Hıristiyan olmadığımdan, dinsel deneyime en çok yaklaştığım şey Liverpool Futbol Kulübü.

Madem ilahi müdahaleden söz ettik (tabii İsa Mesih'i bonservis bedeli olmadan FSV Nasıra 00'dan transfer edebilseydik müthiş bir şey olurdu), şimdi 14 Nisan 2016'daki Dortmund maçının ikinci yarısında neler olduğuna dönelim. Nitekim tam anlamıyla bir andı yaşanan. Liverpoollu Divock Origi'nin golüyle skor 2-1'e gelirken, Dortmundlu Marco Reus'un sol kanatta alan yaratarak sağ ayağıyla enfes bir kavisli şutla kaleciyi aştığı yüce golüyle skor 3-1 oldu. Oğluma "oyun bitti" diye mesaj attım ve kanepeye devrildim. Ama dokuz dakika sonra "küçük üstat" Philippe Coutinho Liverpool'un golünü attı ve stattaki atmosfer bir anda değişti. Herkes hissedebiliyordu bunu. Taraftarlara ve takıma güçlü bir inanç dalgası yayıldı. Takım ile taraftarlar arasındaki alışveriş saniye saniye tuhaf, vahşi ama odaklı bir yoğunluk kazandı. Dortmund da hissediyordu bunu. O âna kadarki orta saha hâkimiyetleri daralmaya ve azalmaya başladı, korkunç hızlı kontratakları durdu ve giderek savunmaya gömüldüler. Muhtemelen Anfield'ın Avrupa'daki büyük gecelerinden biri olacaktı. Mamadou Sakho'nun kafa vuruşuyla 77. dakikada skor eşitlendi ama Dortmund'un deplasman golleri nedeniyle Liverpool'un bir gole daha ihtiyacı vardı. Sonra 91. dakikada Daniel Sturridge topu aldı, boş alana doğru ilerledi, James Milner'a pası verdi, Milner da kale çizgisine doğru hızlandı, arka direğe doğru ustaca bir orta açtı ve Dejan Lovren kafa vuruşuyla golü buldu.

Anfield coştu. Klopp ne olduğunu idrak edene kadar birkaç saniye tuhaf biçimde hareketsiz durdu. Tam bir andı. Gol sevinciyle genelde yaptığı gibi yüzünü acayip abartılı bir şekle sokmadı (nefret ettiğim bir mimiktir) ya da yumruğunu havaya sallamadı (anlam veremediğim bir ergen hareketi bu ama tek başıma maçları izlerken ben de yapıyorum ve çok iyi hissettiriyor). İşin tuhaf tarafı, galibiyeti getiren golün şaşırtıcı olmamasıydı. Sanki olacağı varmış gibi hissettirdi. Kaderde yazılmış gibiydi ya da *deus ex machina* ânı gibiydi. Klopp'un eski yardımcısı ve Dortmund'un sonraki başarılı menajeri Thomas Tuchel sonucu "mantıksız" diye tanımladı. Haklıydı. Futbol bazen mantığa meydan okur ki zaten bu anlar için yaşarız.[28]

Klopp'un maç sonrası basın toplantısı ilginçti; an, performans, duygu, duygu durumu ve temel haletiruhiye hakkında söylediğim birçok şeyi kapsıyordu. Klopp devre arası konuşmasında İstanbul'daki 2005 Şampiyonlar Ligi finalinde Liverpool'un 3-0 geriden gelip uzatmaların ardından Milan'ı penaltılarda yendiği maçın ânını hatırladığından söz etti. Bariz bir referans olabilir, yine de etkili. Mesele şu ki o ânın tarihinin farkında olmak, Heidegger'in *Wiederholung* dediği yeni bir tarihsel anda bir tekrara ya da geri getirmeye olanak verir; bu da gelecek anların yaratılmasına, yeni bir mirasa imkân tanır. Mevcut Liverpool oyuncularının ya da Klopp'un 2005'te orada olmamasının bir önemi yok. Taraftarların hafızası yaşayan bir anlam arşivi, istifade edilebilecek ve özümsenebilecek devasa tarihsel bir rezerv oluşturur adeta. Basel'deki Avrupa Ligi finalinde Liverpool'un Sevilla'ya mağlup olmuş olması bu gibi anları çürüte-

28. Liverpool'un Dortmund maçındaki geri dönüşünün öne çıkan anlarına Youtube'dan erişilebilir.

Standard

mez. Daha önce dediğim gibi, mağlubiyet her zaman olacaktır. Oyunun doğası bu. Mesele bir takımın kendi tarihini yakalayıp tutarak mağlubiyetleri kabul etmesi, tekrar denemesi, tekrar yola koyulması, birlikte ve daha güçlü bir biçimde yoluna devam etmesi.

Marcelo Bielsa'ya göre, teknik direktörün işlevi takıma biçim vermektir, takımın bir tarzı olmasını, belli bir şekilde oynamaya açık olmasını sağlamaktır. Bielsa'nın tuttuğu tarza "protagonizm" deniyor, kontratak futbolunun tersi olsa da topu rakipten uzak tutmaya ve olabildiğince rakibin oyun süresini azaltmaya dayanıyor. 2016-17 sezonunun başlarında Klopp'un Liverpool'a oynattığı futbolu bir şekilde böyle tarif edebiliriz. Takımda bireysel anlamda sahiden yetenekli oyuncular vardı ama asıl heyecan verici olan oyuncu gruplarının dinamik figürasyonlarını izlemekti; özelikle de Roberto Firmino, Philippe Coutinho, Adam Lallana ve Sadio Mane arasında hızlı verkaçlara imkân tanıyan akışkan ve güzel matrisi. Liverpool iyi oynadığında bu protagonistik biçim iyice gözle görülür hale geliyordu. Topu kaybettiklerinde çabucak geri kazanıyorlardı, bir fırsatı kaçırdıklarında takım hemen toparlanıp tekrar hücuma geçebiliyordu. Liverpool'un attığı bazı goller muhteşem olsa da, genelde bitiriş ya da son dokunuş oyunun biçimsel hareketine göre neredeyse tesadüfi oluyordu, bir cümlenin sonunu işaretleyip diğer cümlenin başını bildiren bir nokta gibi.

Peki yanlış giden neydi? Liverpool'un bariz savunma zaafları, müzmin kaleci sorunları vardı, ayrıca takım endişe verici biçimde ani çöküş dönemlerine meyilliydi, bu zamanlarda sanki kolektif bir iman krizi yaşıyordu. Belki de Klopp'un yaklaşımının ve tutkuya önem vermesinin ölümcül hatası budur, zira İngiliz tarzı oyunda tutku kolayca ham duyguyla harmanlanıp tekniğin ve taktik zekânın üstünde tutuluyor. Diğer futbol kültürlerinde, mesela İtalya'da böyle değil.

İtalya'dan söz etmişken, Antonio Conte'nin Chelsea'si İngiltere Premier Lig'de rahatlıkla hâkimiyet kurmuştu. Sıkı ve güvenilir bir savunma yapıları, hızla geri koşan kanat oyuncuları, daha iyi kalecileri, Eden Hazard ve Diego Costa gibi kalitesi tartışmasız oyuncuları vardı. En önemlisi de, Chelsea'nin gösterdiği –belki de güçlü bir takımın en önemli meziyetidir bu– istikrarın yanı sıra, takımın kendisinin, rakibin ve her iki cenahtaki taraftarların giderek şunun farkına varmasıdır: Kaybetmeyecekler. Nitekim kaybetmediler de.

Ama her zaman bir sonraki sezon var ... değil mi?

İĞRENME

BURAYA KADAR artık iyice anlaşılmıştır sanırım: Futbolu seviyorum. Ama hep merak etmişimdir, acaba fazla mı seviyorum diye, çünkü kendimi ve eleştirel yetilerimi çok kolay kaybetmeye sevk ediyor beni. Belki de futboldan derinden kuşkulanmalıyız ve hayatımızdaki rolünü kutlamaktan çok eleştirmeliyiz. Bu kitabın başında söylediğim üzere, futbolun topluluk, sosyalizm ve kolektif praksis olarak biçimi ile en aşırı ve grotesk tezahürleriyle para olan maddi içeriği arasında bir çelişki var. Bielsa'nın birkaç yıl önce söylediği gibi, "Futbol dünyası giderek fanatikten ziyade girişimciye benziyor".[29] Evet, ben taraftarın bakış açısından yazıyorum ama takımların başarısı giderek şirketin verimliliğine, yani sermayedarların yatırımlarına karşılık kâr getirmesi kriterine göre değerlendiriliyor. Gelgelelim futbolun biçimi ile içeriği arasındaki bu çelişkinin futbola dair iyi şeyler hissetmemizi sağlayacak bir şekilde çözülebileceğini düşünmüyorum. Niyetim bu değildi. Aksine, çelişki biçim ile içerik arasında kapanmayan, iltihaplı bir yara; bize keyif

29. "Marcelo Bielsa – Futbol, capitalismo y valores", 20 Ekim 2013 (YouTube).

de veriyor iğrenme de, hem de bazen aynı anda, özellikle bu gösteriye böylesine kapılıp büyülendiğimiz için kendimizden iğrendiriyor.

Futbol berbat bir şey olabiliyor. Bağımlılarını yatıştıran güçlü bir afyon; deşarj ediyor, kafa dağıtıp yaşadığımız zaman ve mekândaki daha önemli toplumsal mücadelelerden uzaklaştırıyor ve politik eylem potansiyelini sakatlıyor. Futbol hiç kuşkusuz bir kitle psikolojisi türü; kulüp düzeyinde en çarpık kabilecilik biçimlerine, ülke düzeyinde en çirkin milliyetçiliğe ruhsat verebiliyor. Her ne kadar imparatorluk sık sık misilleme yese de (mesela Cezayir'in Fransa'yı ya da İrlanda'nın İngiltere'yi yenmesi), futbol Nuh nebiden kalma sömürgeci varsayımlarımıza aracılık ediyor – "biz" katıksız vatansever yerlileriz, "onlar" ise besbelli bizden aşağı ve güvenilmez yabancılar, biz her zaman onlardan daha iyiyiz sanki. Bazı futbol yazılarında görebilirsiniz bunu, özellikle de David Stubbs'ın, İngiltere'nin oynadığı her milli maçı ırksal üstünlüğünün kanıtı olarak gören "Wing Commander" karakteriyle harikulade hicve aldığı yazılarında.[30]

Öte yandan, ciddi yorum niyetiyle yazıldıklarında bile, bazı futbol yazıları bir yığın sömürgeci tavrın bugüne dek etkisi süren sancılı sarhoşluğundan mustarip. Başka kültürlere karşı sık sık kendini beğenmiş, tepeden bakmacı bir ton benimseniyor, kâh aşağılama kâh romantik idealizasyon biçiminde oluyor bu. Şunu da hatırlamak önemli, oyunu güya daha doğal ve canlı oynayan bir tür soylu vahşi olarak ötekini romantik biçimde idealize etmenin kendisi de sömürgecilik söylemi tarafından aşağılanmalarının bir ifadesi zaten (bu türden tavırlar 1950 ve 1960'larda Brezilya'ya yönelikti, son yirmi-otuz yıldır da Afrikalı milli takımlara yönel-

30. *England's Path To Glory 2006-2010*, Winchester: Zero Books, 2010.

tiliyor). Kadın futbolunun özellikle ABD gibi yerlerde (neyse ki) kaçınılmaz bir şekilde artan popülerliğine rağmen, futbolun bir yığın esef verici cinsiyet normunu pekiştirdiği, parçalanan erillik hissine payanda olduğu, hakeza İngiltere'de futbol etrafında şekillenen *laddism** fenomenine destek çıktığı su götürmez. Mevzuyu bir derece basitleştirirsek, denebilir ki bizatihi oyunun yapısı ataerkilliğin bekasının en güçlü kanıtlarından biridir: Menajer istisnasız etrafı sevecen oğullarıyla çevrili olan baba rolündedir, taraftarlar arasındaki baba-oğul ilişkisi de bunun yansımasıdır. Baba-oğul hiyerarşisinin yerine öğretmen-öğrenci ya da komutan-asker metaforları konduğunda bile (bazı futbol kültürlerinin daha demokratik olduğunu teslim edelim tabii, örneğin oyuncuların patrona karşılık vermeyi âdet edindiği Hollanda) futbol derinden derine paternalizm damgası taşır ve kolaylıkla otoritaryanizme kayabilir.

Norbert Elias'ın spor sosyolojisi üstüne, alanında öncü ve tarihsel olarak ayrıntılı çalışmasının açıkça ortaya koyduğu üzere, futbol daha geniş ölçekte makro-sosyal oluşumları teşkil eden grupların dinamik figürasyonlarının mikro-sosyolojisini sunuyorsa, bu oluşumların haksızlık ve hatalarına göz yummamalıyız.[31] Bilakis gözümüzü açıp bunların farkında olmalıyız. Şiddeti ele alalım örneğin. Elias sporun "uygarlık süreci"ndeki rolüne dair sürükleyici, zengin ve özenle araştırılmış bir hikâye anlatır. On yedinci yüzyılda İngiltere İç Savaşı'ndaki şiddetten başlayarak bir "pasifikasyon" anlatısı kurar; bu anlatıda fiili fiziksel şiddet on sekizinci yüzyılda İngiliz Parlementosu'ndaki karşıt iki

* *İng.* Çok alkol tüketen, spor, seks ve müziğe düşkün genç Britanyalılar için kullanılan *lad* kelimesinden geliyor. –*y.n.*

31. Norbert Elias, *The Quest for Excitement: Sport and Leisure in the Civilizing Process*, Oxford: Blackwell, 1986.

parti –Whigler ve Toriler– arasında sembolik bir rekabete yüceltilir. Elias'a göre, pasifikasyon süreci İngiltere'de boş zaman aktivitesi olarak spor türlerinin artan popülerliğiyle yakından ilişkilidir. Bu yüzden İngiltere'de sporun ortaya çıkışı, temel niteliği iktidarın bir siyasi partiden diğerine barışçıl biçimde geçmesi olan parlamenter yönetimle aslen bağlantılıdır. Dolayısıyla İngiltere'de on dokuzuncu yüzyılın ortasında futbol gibi sporların kanunlaşması sürekli artan ve genişleyen pasifikasyon sürecinin bir ifadesidir. Spor iç savaşın sembolik bir düzene yüceltimidir. Futbol da daha önceki, daha az medeni zamanlarda şiddette ifade bulan çatışmaların barışçıl ve yasayla düzenlenmiş biçimde devam ettirilmesidir.

Elias tatlı bir hikâye anlatıyor. Güzel bir hikâye. Keşke doğru olsa. Elias'a yöneltilecek en basit itiraz şudur: İngiltere'de on yedinci yüzyıl ile on dokuzuncu yüzyıl arasında şiddetin pasifikasyonu konusunda haklı olsa bile (ki bunun da tartışmasız apaçık olduğunu düşünmüyorum, zira bu dönemde İngiltere'de sınıf çatışmasının tarihi daha ikna edici ve rahatsız edici yollarla da anlatılabilir), siyasi şiddet anayurttan çıkarılıp sürekli artan bir acımasızlık ve verimlilikle sömürgelere taşınmıştır. Anayurtta barış/huzur ancak sömürgeleştirmede uygulanan organize siyasi şiddetle, meşruiyetini yasanın şiddetinde bulan gasp süreciyle mümkün olur. Walter Benjamin'in okurlarının fark edeceği üzere, bu elbette özgün bir argüman değil. Ama özgün olmaması doğru olmasına mani değil. Demek istediğim, futbol şiddetin pasifikasyonundan ibaret değildir; bir bakıma şiddetin yasal bir şekilde organize edilmesi, sürekli fiili şiddete taşma tehlikesi olan toplumsal şiddet biçimlerinin sömürgeciler tarafından kanunlaştırılmasıdır; buna 1970 ve 1980'lerde İngiltere'de holiganlığın yükselişiyle tanık olmuştuk, ki bu şoven gaddarlığa bugün pek çok yerde rastlanabilir: Rusya, İtalya, Ukrayna, Mısır, Türkiye – liste uzayıp gider. İngiltere'nin Ortaçağ dönemindeki ilk kayıtlardan itibaren futbol hep şiddet içermiştir. Şiddet içermeye devam etmektedir. Futbol, içinden geldiğimiz şiddet tarihini görmemizi sağlar ama barışa benzeyen bir şey vermez bize. Raymond Williams'ın sözleriyle ifade edersek, barış olmayan yerde "barış" demenin hiçbir anlamı yoktur.[32]

Sömürgecilik ile yasanın şiddeti arasındaki bağ futbol oyununu hâlâ yöneten idari yapının kendisinde görülebilir: Uluslararası Futbol Birliği Kurulu (IFAB). İngiltere, İskoçya, Galler ve İrlanda'daki futbol birliklerinden ikişer temsilcinin katılımıyla Topluluk Futbolu kurallarını standartlaştırmak üzere 2 Haziran 1886'da kurulan bu kurumun varlığından görünüşe göre nispeten çok az insan haberdar. Fédération Internationale de Football Association (FIFA) ise 1904'te Paris'te kuruldu ve nihayet 1913'te IFAB'a kabul edildi. FIFA futbolu yöneten kurum olsa da, hukuki otorite hâlâ IFAB'da. IFAB oyunun kurallarını Fransızca, Almanca ve İspanyolca yayımlasa da, yalnızca İngilizce metnin hukuken bağlayıcılığı var. Daha önce bahsettiğim üzere, İrlanda'nın 1921'de Birleşik Krallık'tan ayrılmasıyla birlikte İrlanda Futbol Federasyonu (FAI) kuruldu, ne var ki Birleşik Krallık'ın parçası olmadığı için IFAB'da temsil edilmiyor. İlginçtir, Birleşik Krallık çatısı altındaki futbol federasyonlarının her birinin bir oyu varken FIFA'nın beş oyu var. Herhangi bir kural değişikliği için oyların dörtte üçü, bu da demek oluyor ki en azından altı oy gerekiyor. Bu yüzden, tuhaftır, herhangi bir kural değişikliği için FIFA'nın desteği

32. Raymond Williams, *Modern Tragedy*, Stanford: Stanford University Press, 1966, s. 80.

zorunlu ama yeterli değil. Yine de en az bir Birleşik Krallık federasyonunun desteği gerekiyor. 19 Mayıs 2016'da oyunun kurallarında yapılan bir dizi değişiklik yayımlandı, bir sürü etkileyici ayrıntı var, mesela oyuncuların iç çamaşırlarının renginin şortlarıyla aynı olması şart koşuluyor.[33]

Kapitalizm, metalaşma, sömürgecilik, milliyetçilik, kitle psikolojisi, ataerkillik ve şiddetin yasal olarak kanunlaştırılması – işte bu yüzden futbol bağlamında keyif ve iğrenme arasında bağlantı kurdum sürekli. Bir maçı izlemek ve zevk almak, her ne kadar masum görünse de, neoliberal ve küreselleşmiş dünyanın dehşetlerinden azade olamaz, yahut bunlardan soyutlanarak ritüel deneyimin ulu ve kutsal âlemine taşınamaz. Hayır, medyanın ve dolayımın katmanlarında yakalanan bu korkunçluklarla, apaçık yanlışlarla sürekli hesaplaşmak zorundayız. Futbol izlemek dünyayı en mide bulandırıcı ve dehşet verici haliyle görmek demektir. Güzellik dehşetin başlangıcından başka bir şey değildir. Futbol bize çağımızın imgesini veriyorsa, çağımızı en kötü haliyle, servet ve finansal güç gösterilerinin en şatafatlı haliyle görüyoruz. Ama futbol bizi böyle bir dünyadan uzaklaştırmıyor. Taraftarlar da iktidarın kandırdığı enayiler değil. Hiç de aptal değiller. Ne olup bittiğini biliyorlar. Oyunun nasıl yürüdüğünü, başarılı bir takım kurmanın ve idame ettirmenin parasal açıdan nelere mal olduğunu biliyorlar.

Ama taraftarlar şunu da biliyor ki, bir anlığına, o anlar üstü anda daha fazlası da olabilir; bu kitapta anlatmaya çalıştığım, kazanmaktan ibaret olmayan, görkem denebilecek şeye ulaşmaya dair de olabilir. Böylesine büyülü bir şekilde

33. Bkz. iki yüz küsur sayfalık *Laws of the Game*, meraklısı için okuması beklenmedik biçimde ilginç (www.fifa.com; Türkçesi: *2016-2017 Futbol Oyun Kuralları*, www.tff.org).

sorumluluktan azade anlarda coşku ve keyif vardır; futbolun biçimi içeriğin önüne geçip ışıldar; dinamik bir güzellik figürasyonu, oyunun dramatik hareketliliği, oyuncular arasındaki ve taraftarlar arasındaki özgür topluluğun hareketi, duyusal ekstaz efsunu belirir. Böyle anlarda nefesimizi tutarız. Başka bir şey, harika bir şey hasıl olur. Ama geçip gider de. Nefesimizi bırakırız. Korku şovu devam eder.

—

10

TEŞEKKÜR

16 OCAK 1998. Essex, Colchester, eski Layer Road Stadı. Akşam, hava buz gibi. Oğlumu ilk canlı futbol maçını izlemeye götürdüm. Beş yaşındaydı. Colchester United Torquay United'a karşı. Seyirci sayısı 2776, Layer Road standartlarında fena değil. Colchester 1-0 kazandı. Galibiyet golünü Tony Lock attı. Berbat bir maçtı. Tribündeki yerimiz korkunçtu. Ama boktan futbolun, vasat takımlar arasındaki kötü maçların önemi asla azımsanmamalı. Orada futbol kültürünü en saf haliyle görebilirsiniz: Kombinesi olan Colchester taraftarları maçtan önce harıl harıl fikstürü inceliyor; takımlarının armalı montunu giymişler, atkılar, şapkalar takmışlar; diğer Colchesterlılarla selamlaşıyorlar, sabırla maçı bekleyip dikkatle sahayı izliyorlar, çoğunlukla sessizler, ta ki oyunculardan biri öngörülebilir bir hata yapana dek.

Maçtan sonra oğlumla beraber otoparktaki Vauxhall Corsa arabamıza dönüp ısındık, radyo dinledik. Maçtan keyif alıp almadığını sordum. "Evet, sevdim," dedi. "Bir daha gelmek ister misin?" diye sordum. Sonra bir daha gittik maça; nihayetinde Colchester United'dan, ikinci takımımız haline gelen Ipswich Town'a terfi ettik. Liverpool FC her zaman birinci takımımız olacaktı. Bu kitabı oğlum Edward'a adamak istiyorum, futbolla ilişkili her şeyde sürekli yoldaşım oldu; bir de Babam Bill'in hatırasına, çok genç öldü, oğlumun onu tanıma fırsatı olmadı, ama bana futbol oynamayı o öğretti, futbol üstüne düşünmeyi de onunla öğrendim.

Mark Ellingham olmasaydı bu kitap gün yüzü görmezdi. Manchester taraftarı olmasına rağmen çok iyi bir insan Mark; düzeltileri fevkalade yararlı oldu, ayrıca metnime eklenen resimleri bulduğu için de teşekkür ederim. Mark sayesinde David Goldblatt ve Paul Simpson'dan geribildirim alma şansım oldu, bu kitabın ilk versiyonuna yaptıkları isabetli yorumlar benim için çok değerli, aynı şekilde Natania Jansz'ın birtakım hayati yorumları da. Miles Ellingham görselleri araştırma konusunda çok iyi iş çıkardı ve birbirinden harika bir sürü fotoğraf buldu. Bu projeye katkılarından dolayı Rıdvan Aşkın, Lucas Ballestin, Philip Schauss, David Buckley, Hugh Eakin, Colin Robinson, Nemonie Craven, Rosie Welsh, Jacques Testard, Hal Foster, Sandy Tait, Sina Najafi ve Ida Lødemel Tvedt'e de çok teşekkür ederim.

YAYINCININ NOTU

Özenli okuması ve önerileriyle Türkçe basımın
yayıma hazırlanmasına önemli katkılarda
bulunan İbrahim Altınsay'a
teşekkür ederiz.

FOTOĞRAFLAR

s. 6-7: Bir çocuk, Messi'nin duvar resmi önünde kafa topuna çıkıyor, Kalküta, Hindistan, 2014. *DibyangshuSarkar/AFP /Getty Images*

s. 8: 1966 Dünya Kupası Finali. İngiltere Milli Takımı'ndan Geoff Hurst (10) uzatmalarda hat-trick yaptığı golü attıktan sonra Martin Peters'la beraber yürüyor; bu golle rahatlayan Jack Charlton da dizleri üstüne çökmüş. *Popperfoto*

s. 10: Chealseali Marcel Desailly golsüz biten Manchester United maçında, Mart 1999. *Ben Radford/Allsport*

s. 14-15: Milanlı Ronaldinho Dubai'de antrenmanda, 2009. *Karim Sahib/AFP*

s. 19: Bill Shankly Wembley yürüyüşünü yapıyor, 1973. *Evening Standard/Getty Images*

s. 22: Paul Breitner 1974 Dünya Kupası'nda Batı Almanya'nın Hollanda'yı 2-1 yendiği maçtan sonra (gollerden birini Breitner atmıştı) galibiyetin keyfini çıkarıyor. *Rolls Press/Popperfoto/Getty Images*

s. 25: FIFA başkanı Sepp Blatter Katar'ın 2022 Dünya Kupası ev sahibi olduğunu ilan ediyor. Messe Konferans Merkezi, Zürih, 2010. *Laurence Griffiths/Getty Images*

s. 27: Arjantinli Diego Maradona Belçika'nın savunma duvarıyla karşı karşıya, 1982 Dünya Kupası. Belçika Maradona'ya alan markajı yaparak maçı 1-0 kazanmıştı. *Steve Powell/Allsport*

s. 30: Liverpoollu bir taraftar çırılçıplak sahaya fırlıyor. Anfield Stadyumu'nda Brighton & Hove Albion'a karşı oynanan FA Kupası maçı, Şubat 2012. *Paul Ellis/AFP/Getty Images*

s. 34-35: Liverpoollu Roberto Firmino Premier Lig'de Stoke City'yi yendikleri maçta takımının ikinci golünü atmanın sevincini yaşıyor, Nisan 2017. Göğsündeki Yunanca dövme: "Tanrı kendisine güvenilendir." *Chris Brunskill Ltd / Getty Images*

s. 39: Thomas Müller: Almanya'nın "alan araştırmacısı". *Contrast / Ralf Pollack / ullstein bild, Getty Images* aracılığıyla.

s. 42: Laurent Blanc Fransız takım arkadaşı Fabien Barthez'in keline bir öpücük konduruyor, Portekiz'e karşı oynadıkları Euro 2000 yarı final maçı öncesi, Haziran 2000. *Olivier Morin / AFP / Getty Images*

s. 48-49: Uruguaylı Luis Suarez 2010 Dünya Kupası çeyrek finalinde Gana'yla oynadıkları maçta uzatmaların son dakikasında topu eliyle çeliyor, Haziran 2010, Soweto, Güney Afrika. Ganalı Asamoah Gyan verilen penaltıyı kaçırdı ve Uruguay penaltılarda maçı kazandı. *Roberto Schmidt / AFP / Getty Images*

s. 54: Manchester City'nin Alman kalecisi Bert Trautman antrenmanda topları yakalıyor, 1951. Zamanında savaşta esir düşmüş olan Trautman, City'de 1956 FA. Kupası finalini boynu kırık tamamlamasıyla meşhurdur; takımının Birmingham'a karşı 3-1'lik skoru korumasını sağlamıştır. *Popperfoto / Getty Images*

s. 58-59: Galatasaray'ın Borussia Dortmund'la oynadığı Şampiyonlar Ligi maçında Galatasaraylı taraftarların sahaya attığı meşalelerin dumanı, Kasım 2014. *Martin Rose / Bongarts / Getty Images*

s. 62: Portekizli forvet Eusebio 1966 Dünya Kupası'nda Bulgaristan'a attığı golü kutluyor. Portekiz 3-0 kazandı. *AFP / Getty Images*

s. 64: Manchester Unitedlı George Best 1968 Avrupa Kupası Finali'nde Benfica'ya attığı, takımının ikinci golünü kutluyor; maçı 4-1 kazandılar. *Popperfoto / Getty Image*

s. 68-69: Sırbistan-Karadağ taraftarları 2006 Dünya Kupası'nda Arjantin'le oynadıkları maçta bayrak açıyor. Sırbistan-Karadağ adı altında son kez sahaya çıkan takımları 6-0 kaybetti. *Vladimir Rys / Bongarts / Getty Image*

s. 72-73: Barcelona'nın Kamerunlu forveti Samuel Eto'o Athletic Bilbao'yla oynadıkları 2008 İspanya Kupası finalini kazanmalarını kutluyor. Barcelona bu maçı 4-1 kazandı. *Lluis Gene/AFP/Getty Images*

s. 76: Cristiano Ronaldo, Portekiz ile Fransa arasında Stade de France'ta oynanan 2016 Avrupa Şampiyonası finalinde sakatlandı. *Dave Winter/Icon Sport, Getty Images* aracılığıyla

s. 80-81: Liverpool taraftarları Anfield Stadyumu'nda Sunderland'le oynadıkları Premier Lig maçında bilet fiyatlarının artmasını protesto ediyor, Şubat 2016. Pankartta şöyle yazıyor: Taraftarlar olmadan, futbol bir hiçtir. *Lindsey Parnaby/AFP/Getty Image*

s. 86: Andrea Pirlo ve Edinson Cavani formalarını değişiyor; 2014 Dünya Kupası'nda D Grubu'nda İtalya ile Uruguay arasında oynanan maç, Natal, Brezilya. *Julian Finney/Getty Images*

s. 88-89: Brighton'ı çalıştıran Brian Clough, 1973. *Frank Tewkesbury/Evening Standard/Hulton Archive/Getty Images*

s. 94: Liverpoollu John Barnes eski takımına karşı oynayacağı maç öncesi teknik direktör Kenny Dalglish'le konuşuyor, Watford, 1987. Liverpool bu maçı 4-0 kazandı. *Bob Thomas/Getty Images*

s. 98-99: Den Stadyumu tribünleri; Millwall ile Scunthorpe United arasında oynanan İngiltere 1. Lig play-off yarı final maçı, 2017. *Mike Hewitt/Getty Images*

s. 102: Swansea City taraftarı AFC Bournemouth'la oynanacak Premier Lig maçı öncesi stadyumu dikizliyor. *Jordan Mansfield/Getty Images*

s. 106: Real Madridli David Beckham Bernabeu Stadyumu'nda Villareal'le oynadıkları La Liga maçında oyundan atılan Zidane'ı teselli ediyor. *Denis Doyle/Getty Images*

s. 111: Real Madrid'in menajeri olan Zidane Valencia'yla oynadıkları La Liga maçında, Nisan 2017. *fotopress/Getty Images*

s. 114-15: Liverpoollu futbolcu Kenny Dalglish menajer Bob Paisley'le konuşuyor, Mart 1979. *Bob Thomas/Getty Images*

s. 119: "Düşüş"ten sonra. Steven Gerard, Chelsea'nin attığı gol sonrası düşüncelere dalmış. Gerrard topu ayağından kaçırıp düşmüş, Chelsea de bu hatayı gole çevirmiş, Liverpool'un Premier Lig'de şampiyonluk umutlarını Anfield Stadyumu'nda söndürmüştü, 27 Nisan 2014. *Clive Brunskill/Getty Images*

s. 126-27: Dortmund teknik direktörü Jürgen Klopp TSV 1860 Münih'le oynayacakları Almanya Kupası maçı öncesi Bavyeralı müzisyenleri izliyor, Eylül 2013. *Christof Stache/AFP/Getty Images*

s. 130-31: Arsenal'in Highbury Stadyumu'ndaki Saatli Tribünü, 1951. *George Douglas/Picture Post/Getty Images*

s. 134-35: FA Kupası finali, Mayıs 1972: Leeds United: 1 – Arsenal: 0. Allan Clarke'ın galibiyet golünü atmasıyla Norman Hunter sevinçten havalara uçuyor. *Bob Thomas/Getty Images*

s. 140-41: Liverpoollu oyuncular ve taraftarlar, UEFA Avrupa Ligi çeyrek final maçında Borussia Dortmund'a karşı dördüncü golü atarak mührü vuran Dejan Lovren'in izdihamla etrafını sarıyor, Nisan 2016. *Clive Brunskill/Getty Images*

s. 146-47: Rusya Devlet Başkanı Vladimir Putin Soçi'de işinsanlarıyla yapılan toplantıda konuşurken, Chelsea'nin sahibi para babası Roman Abramoviç izliyor, 2016. Putin son zamanlarda Rus atletler hakkında çıkan doping iddialarının asılsız olduğunu söylüyordu. *Mikhail Svetlov/Getty Images*

s. 154-55: Fildişililer 2015 Afrika Uluslar Kupası şampiyonluğunu kutluyor; Abidjan'daki karşılama alayında Başkan Alassane Ouattara ve Fildişi Sahili orta saha oyuncusu Yaya Toure kupayı tutuyor, Şubat 2015. Fildişi Sahili finalde penaltı atışlarıyla Gana'yı 9-8 yenmişti. *Sia Kambou/AFP/Getty Images*

s. 172-73: Hollandalı Johan Cruyff 1974'te Uruguay'a karşı oynadıkları Dünya Kupası Maçı'nda. Hollandalılar maçı 2-0 kazandı. *Bob Thomas/Getty Images*

KAYNAKÇA

Bewes, Timothy, "'Form Resists Him': The Event of Zidane's Melancholy", *New Formations*, No. 62, Güz 2007, s. 18-21.

Burnett, David Graham, "On the Ball", *Cabinet*, No. 56.

Carson, Anne, *Antigonick*, New York: New Directions, 2012.

Connor, Steven, *A Philosophy of Sport*, Londra: Reaktion, 2011.

Elias, Norbert, *The Quest for Excitement. Sport and Leisure in the Civilizing Process*, Oxford: Blackwell, 1986.

Foer, Franklin, *How Soccer Explains the World*, New York: Harper Perennial, 2005; Türkçesi: *Futbol Dünyayı Nasıl Açıklar?*, çev. Harun İsmail Çırak, İstanbul: İthaki, 2012.

Gadamer, Hans-Georg, *Truth and Method*, Londra: Sheed and Ward, 1975; Türkçesi: *Hakikat ve Yöntem*, çev. İsmail Yavuzcan ve Hüsamettin Arslan, İstanbul: Paradigma, 2 cilt, 2008 ve 2009.

Galeano, Eduardo, *Soccer in Sun and Shadow*, Londra ve New York: Verso, 2003; Türkçesi: *Gölgede ve Güneşte Futbol*, çev. Mehmet Necati Kutlu ve Ertuğrul Kutlu, İstanbul: Can, 1998.

Goldblatt, David, *The Ball is Round: A Global History of Football*, Londra: Penguin, 2007.

— *The Game of Our Lives: The Meaning and Making of English Football*, Londra: Penguin, 2015.

Handke, Peter, *The Goalie's Anxiety at the Penalty Kick*, New York: Farrar, Strauss and Giroux, 1972; Türkçesi: *Kalecinin Penaltı Anındaki Endişesi*, çev. Tevfik Turan, İstanbul: Ayrıntı, 1988.

Heidegger, Martin, *Being and Time*, Oxford: Blackwell, 1962; Türkçesi: *Varlık ve Zaman*, çev. Kaan H. Ökten, İstanbul: Agora Kitaplığı, 2008.

— *Pathmarks*, Cambridge: Cambridge University Press, 1998.

Hughes, Simon, *Red Machine: Liverpool FC in the 1980s*, Edinburgh/Londra: Mainstream, 2013.

Knausgaard, Karl Ove ve Fredrik Ekelund, *Home and Away: Writing the Beautiful Game*, Londra: Harvill Seeker, 2016.

Kuper, Simon, *Football Against the Enemy*, Londra: Orion, 1994.

Latour, Bruno, *We Have Never Been Modern*, Cambridge Mass.: Harvard University Press, 1993; Türkçesi: *Biz Hiç Modern Olmadık*, çev. İnci Uysal, İstanbul: Norgunk, 2008.

Macey, David, "Un Coup de Boule N'Abolira Jamais...", *New Formations*, No. 62, Güz 2007, s. 15-17.

Marx, Karl, *Capital: A Critique of Political Economy*, Cilt 1, İng. çev. Ben Fowkes, Londra: Penguin, 1990; Türkçesi: *Kapital I*, çev. Mehmet Selik ve Nail Satlıgan, İstanbul: Yordam, 2011.

McCarthy, Tom, *Typewriters, Bombs, Jellyfish: Essays*, New York: New York Review of Books, 2017.

Merleau-Ponty, Maurice, *The Structure of Behavior*, Pittsburgh: Duquesne University Press, 1965.

Nagel, Thomas, "What Is It Like to Be a Bat?", *The Philosophical Review* 83 (4): 435-50.

Neveling, Elmar, *Jürgen Klopp: The Biography*, Londra: Ebury Press, 2016.

Papineau, David, *Knowing the Score*, Londra: Constable, 2017.

Pasolini, Pier Paolo, *Les terrains: Écrits sur le sport*, Paris: Le temps des cerises, 2012.

Peace, David, *The Damned United*, Londra: Faber & Faber, 2007; Türkçesi: *Lanet Takım*, çev. Kıvanç Koçak, İstanbul: Sel, 2012.

— *Red or Dead*, Londra: Faber, 2013.

Richards, Ted (haz.), *Soccer and Philosophy*, Chicago & La Salle: Open Court, 2010.

Sartre, Jean-Paul, *Critique of Dialectical Reason*, Cilt 2, Londra ve New York: Verso, 1991.

Serres, Michel, *The Parasite*, Minneapolis: University of Minnesota Press, 2007.

Simpson, Paul ve Uli Hesse, *Who Invented the Stepover?*, Londra: Profile Books, 2013.

Steen, Rob, Jed Novick ve Huw Richards, *The Cambridge Companion to Football*, Cambridge: Cambridge University Press, 2013.

Stubbs, David, *Send Them Victorious: England's Path to Glory 2006-2010*, Winchester: Zero Books, 2010.

Toussaint, Jean-Philippe, *Football*, Londra: Fitzcarraldo, 2016.

Wilson, Jonathan, *Inverting the Pyramid: The History of Football Tactics*, Londra: Orion, 2008; Türkçesi: *Futbol Taktikleri Tarihi*, çev. Deniz Arslan, İstanbul: İthaki, 2017.

DİZİN

—

10

METİS YAYINLARI

Simon Critchley

İMANSIZLARIN İMANI

Siyasal Teoloji Deneyleri

Çeviren: Erkal Ünal

Dinin geri dönüşü günümüz felsefesinin başat temalarından biri, belki de birincisi haline geldi. Ama felsefe, din savaşının hükmettiği bir siyasal gerçekliğin abartılı yankısından öte bir şey sunmuyor bize. Seküler dönem yerini bir şekilde, siyasal eylemin doğrudan doğruya metafizik çatışmanın ürünü olduğu yeni bir döneme bırakmış görünüyor. Critchley'in kitabı "bir tür sekülarizmi mi savunmalıyız, yoksa teizme dönüşü sükûnetle kabul mü etmeliyiz – yoksa bir üçüncü yol var mı?" sorusuna cevap verebilmek için iman, aşk, din ve şiddet konularına yoğunlaşıyor.

Critchley, Rousseau'daki siyaset-din paradoksundan Heidegger, Taubes, Agamben ve Badiou'de Aziz Paulus'un geri dönüşüne, oradan da Carl Schmitt ve John Gray'in eserlerindeki siyaset-ilk günah ilişkisine ve mistik anarşizm geleneğine geçerek, imansızlar için bir imanın, inanmayanlar için inancın mümkün olup olmadığını inceliyor. Kitabın son bölümünde ise Slavoj Žižek'le girdiği tartışmayı genişleterek şiddet meselesini ve şiddetsizliğin sınırlarını ele alıyor.

METİS YAYINLARI

Richard Kearney

YABANCILAR, TANRILAR VE CANAVARLAR

Ötekiliği Yorumlamak

Çeviren: Barış Özkul

Kendimiz ve başkaları hakkında nasıl düşündüğümüzle ilgili incelemelerin genellikle gözden kaçırdığı bir nokta var: Yabancılar, tanrılar ve canavarlar gibi büyük muammalar insanın dünyaya bakışını nasıl şekillendiriyor? Richard Kearney yabancıların, tanrıların ve canavarların mit veya fantaziden ibaret olmadığını, bilakis kültürel bilinçdışımızın önemli bir bölümünü oluşturduğunu ortaya koyuyor.

Antik Yunan için "barbar", emperyal Avrupa için "yaban" anlamına gelen yabancı figürünün, bilinmeyenin biz değil de Öteki olduğu fikri aracılığıyla, kendi kimliğimizi nasıl tanımladığımızı gösteriyor. Canavar imgesini derinlemesine inceleyen Kearney, antik minotauruslardan ortaçağ demonlarına, oradan günümüzün postmodern düşmanlarına kadar uzanan güçlü örneklerin de yardımıyla, insan benliğinin canavarca bir tarafı olduğunu ortaya koyuyor. Bazı tanrıların bugün bile hâlâ ayakta olmasının, insan psişesinin, sonluluğumuzun ve ölümün zincirlerinden kurtulmak için nasıl yanıp tutuştuğunu gösterdiğini ileri sürüyor.

En basit korku ve arzularının dış dünyada nasıl tezahür ettiğini görmek ve bunlarla yaşamayı öğrenmek isteyenlere...